Das Buch zur Fernseh-Sendung

Das Buch zur Fernsehserie ist eine Co-Produktion RTLplus Programm-Marketing und EK-CONCEPT GMBH.

Verlag:
EK-CONCEPT GmbH
Hardtstraße 17, 7101 Flein
Telefon: 07131/590910
Telefax: 07131/590917
Steinweg 5, Frankfurt/Main
Telefon: 069/280400
Telefax 069/288989

Autor:
Metty Krings

Idee:
Wolf-Tilmann Schneider, RTLplus

Producing:
MCS Medien Creativ Service GmbH, Hamburg

Redaktion:
Stefanie Behrens, Sigrid Schröder, Marc Vollmer

Fotos:
Art + Action (S. 77, 79 - 83, 86, 89, 92 - 94, 106), Bayer (S. 77), CBS/Fox (S. 69), DFVLR (S. 84 - 86), Ford (S. 103), IZE (S. 96, 97), Portugiesisches Fremdenverkehrsamt (S. 107), PRS (S. 105), Satelite europeene (S. 104), Siemens (S. 104), Telekom (S. 103), Transglobe (S. 90, 91, 95, 100), Vedes (S. 20/21), Walt Disney Company (S. 68), Warner Brothers (S. 64 - 67, 69)

Layout und Satz:
TYPE & ART Creative Production GmbH, Buchholz/Hamburg

Gesamtherstellung:
Mohndruck Graphische Betriebe GmbH, Gütersloh

Bezahlte Promotion: Seiten 22 - 23, 34 - 41, 98 - 99, 108 - 109, 118 - 119

Printed in Germany

ISBN 3 - 928 742 - 00 - 0

Li-La-Launebär

Das bärenstarke Buch

Spielen, Raten, Zaubern, Basteln, süße Ideen

Hallo Freunde,

seit Laune-Zeiten sind wir bei RTLplus auf Sendung. Jeden Sonntagmorgen. Mit Sendungen von LI-LA-LAUNEBÄR's berühmtem Laune-Speicher. Millionen Kinder haben uns schon im Fernsehen gesehen - doch hier erlebt ihr nun alle eine echte Premiere: METTY und LI-LA-LAUNEBÄR in ihrem ersten Buch!

Hallo und herzlich willkommen - und hinein ins Vergnügen! Was erwartet euch in diesem Buch? Nun, LI-LA-LAUNEBÄR und ich haben uns einiges einfallen lassen. Zum Beispiel Spiele. Für eure nächste Party, für drinnen und draußen. Spiele mit Würfeln, Brettspiele, Ratespiele und Singspiele. Nicht zu vergessen unsere Schnellkurse "Zaubern" und "Zirkus" - LI-LA-LAUNEBÄR und ich verraten euch, wie ihr mit viel Phantasie und ein paar selbstgebastelten Kostümen ein Spitzen-Zirkusprogramm selbst auf die Beine stellt. Und wie ihr - Hokus-Pokus, Simsalabim - eure Eltern, Freunde und Verwandte mit den verblüffendsten Zaubertricks überrascht.

In einer der "Wie funktioniert was?"-Geschichten unseres ersten Buches laden wir euch in ein Fernsehstudio ein. Ihr seid live dabei, wenn das Licht ausgeht und die Kameras anfangen zu surren. Ganz schön spannend, sage ich euch. So spannend wie "Metty's Münchhausen-Geschichten" und die "Rabenteuer" oder die Abenteuer des kleinen Frosches Quaxi in "LI-LA-LAUNEBÄR's Lieblingsgeschichten". Alles, wie gesagt, in unserem ersten Buch. Dazu gibt's jede Menge Quiz- und Mal-Aufgaben... und sogar Sachen zum Selbermachen: Wir laden euch ein, mit uns zu basteln und sogar zu kochen. Dazu haben wir uns übrigens einen Spezialisten für süße Ideen eingeladen...

Für alle Spiele, Geschichten, Tips und Tricks gilt: Fortsetzung folgt! Schon bald werden wir euch mit einem weiteren LI-LA-LAUNEBÄR-Buch überraschen.

Aber nun wünschen wir euch erst einmal viel Spaß und gute Unterhaltung!

Euer
LI-LA-LAUNEBÄR + METTY

Inhalt

LI-LA-LAUNEBÄR's Artisten-Show

"Metty! Der Zirkus kommt in die Stadt! Ich bin schon ganz aufgeregt."
Sag mal, Launebär, warum laden wir nicht ein paar Kinder ein und machen unsere eigene Zirkus-Show! Wir verkleiden uns und basteln uns alles, was man in der Manege so braucht. Und dann führt jeder ein Kunststück auf. In unserem Zirkus gibt es Tiere, Clowns, Seiltänzer..."
"Aber ist das denn nicht zu gefährlich? Und viel zuviel Arbeit? Metty, meinst du nicht, wir sollten in den Zirkus gehen? Überall hängen so schöne bunte Plakate...!"
"Launebär, was hast du denn? Möchtest du nicht mal dein eigener Zirkusdirektor sein und Manegenluft schnuppern?"
"Meinst du wirklich, Metty?"
"Na logisch, Launebär! Du bist der Boß, und wir beide denken uns jetzt ein Zirkusprogramm aus. Natürlich halten wir das Risiko für unsere Artisten so gering wie möglich. Deshalb gibt es kein Hochseil und keine echten Tiere. Hey, Launebär, da fällt mir ein, wie wir's machen: Ein paar Kinder verkleiden sich als Tiere. Und die riskanten Artistennummern werden entschärft! Du wirst sehen, es wird die Zirkussensation des Jahrhunderts! Am besten fangen wir gleich an...!"

"Metty, wie sehe ich aus?" - "Wie ein richtiger Clown!" - "Toll, Metty, dann spielen wir jetzt Zirkus! Nach der Clown-Nummer verkleide ich mich als Seiltänzerin!" - "Du im Röckchen auf einem Seil - also, das möchte ich sehen!"

Es darf geschminkt werden

Einen Schminkkasten müßt ihr unbedingt haben. Er ist zwar teuer, aber Schminken ist beim Zirkus besonders wichtig und macht einen Riesenspaß. Vielleicht kriegt ihr ihn ja von euren Eltern geschenkt, wenn ihr sie zu der Premiere eures Zirkus' einladet.

Vor jeder Probe malen sich die Artisten gegenseitig an. Dabei werden nicht nur die Clowns geschminkt, sondern auch

- "Kraftmenschen",
- Tier-Darsteller (sie schlüpfen in selbstgebastelte Kostüme und führen sich in der Manege wie Pferde, Elefanten oder Raubkatzen auf),
- das "Opfer" der Messerwerferin (die natürlich NIEMALS mit echten Messern, sondern immer mit kleinen Bällen auf eine kurz vor der Show frisch gestrichene Wand wirft).

Musik und Geräusche

Als Einstimmung in das Zirkusprogramm solltet ihr euch eine Cassette mit ausgewählten Musikstücken vorbereiten. Passend ist zum Beispiel die Eröffnungsmelodie so mancher Fernsehshow, aber sicher findet ihr auch geeignete Popsongs, aus denen ihr euer Musikprogramm zusammenstellt.

Die Begleitmusik zu einigen Nummern ("Monster" oder Trommelwirbel, Paukenschläge) macht ihr selbst. Oder ihr stellt ein Zirkus-Orchester zusammen, das während der Vorstellung für den musikalischen Rahmen sorgt.

Geräusche und Rhythmus können auch mit ganz einfachen Mitteln gemacht werden: Dosen oder Plastikflaschen sind mit Reis oder Steinchen gefüllt und werden geschüttelt. Oder es wird auf Blechbüchsen getrommelt. Aber eine kleine "Band" macht einen guten Eindruck. Da die meisten Instrumente hauptsächlich "Krach" machen, sollte jede(r) mal ein Solo spielen, damit die verschiedenen Instrumente auch zur Geltung kommen.

Kleiner Kostüm-Fundus

Was eignet sich?

Alte Hüte und Mützen, Stirnbänder, Halstücher, Schals, Kleider, Westernröcke, Pluderhosen, Westen, Glitzerblusen, alte bunte Gardinen, Tarzanbadehosen, bunte Strumpfhosen und Shorts, weiße Bettücher (zum Bemalen), große Schuhe, Ballettschuhe, Cowboystiefel.

Wer braucht Kostüme?

Clowns, Schlangenbeschwörer, Seiltänzer, Zauberer, Tier-Darsteller (Bären, Pferde, Löwen), und, und, und...

Die Musikwette

Ein Clown schlägt Rad. Der andere schüttelt den Kopf: "Wie machst du denn das, damit die Beine beim Radschlagen gerade bleiben?"

"Ganz einfach. So!" Der erste Clown schlägt wieder ein Rad.

Der andere probiert es. Seine Beine zappeln in der Luft.
"Es geht nicht!"
"Du mußt die Beine vorher ganz steif machen!"
Der andere stolziert ganz steif hin und her und macht noch einen Versuch. Und schon sitzt er auf seinem Hintern. (Das wird mit einem Paukenschlag von der Kapelle "untermalt".)
"Mist! Machen wir was anderes!"
"Ich weiß was!" Er holt eine Trompete.
"Das ist ja meine Trompete!"
"Paß auf: Was ist einfacher, ein Instrument spielen zu können oder nicht?"
"Du Narr! Natürlich ist es schwieriger, ein Musikinstrument spielen zu können! Haha!"
"Machen wir eine Wette! Ich behaupte das Gegenteil! Wetten wir um deine Trompete!"
"Die Wette gilt! Ihr habt es alle gehört!"

Der erste Clown nimmt die Trompete und versucht, mit dicken Backen einen Ton herauszubekommen: nichts!
"Versuch' du's mal!" meint er zum anderen und reicht ihm das Instrument.
"Ich werde doch wohl auf meiner Trompete spielen können!"
Er trompetet.
Der erste Clown probiert es noch einmal.
Wieder klappt es nicht.
"Ganz schön schwer, da einen Ton rauszukriegen!"
Er geht zum Publikum.
"Probier du's mal!" sagt er zu einem Mädchen.
Die pustet in die Trompete, und schön hört man einen Ton.
"Du bist ja sagenhaft begabt, aus dir wird mal eine berühmte Musikerin!"
Der Clown nimmt die Trompete wieder an sich.
"Ich probier's noch einmal!"
Wieder bekommt er keinen Ton heraus.
"Mir wird ja schon schwindlig!"

Er reicht die Trompete einem anderen Zuschauer.
Der bläst rein, und es klappt sofort.
"Sind denn hier nur Musiker im Publikum?" entrüstet sich der Clown.

Der andere Clown versucht, ihm Tips zu geben, aber es ist alles vergeblich - der Clown holt keinen einzigen Ton aus dem Instrument.

Da nimmt der Musiker seine Trompete, bläst kräftig hinein und meint: "Ist doch ganz einfach!"

"Sage ich doch!" meint der erste, "siehst du, alle können darauf spielen, nur ich nicht. Es ist also viel einfacher, ein Musikinstrument zu spielen und viel schwieriger, es nicht zu können!"

Er nimmt dem fassungslosen Clown seine Trompete aus der Hand und verschwindet lachend.

Der Tanz auf dem Seil

Der weiße Strich oder das "Seil" wird vor der Aufführung mit Farbe auf den Manegeboden aufgemalt. So müssen die Clowns nur die Sägespäne zur Seite kehren, und schon ist das "Seil" zu sehen.

Die Clowns stürmen mit einem Besen in die Arena, albern etwas herum und streiten sich.

Schließlich nimmt einer den Besen und fegt die Sägespäne so zur Seite, daß darunter ein weißer Strich sichtbar wird.

Die Clowns verschwinden, und die Seiltänzerin tritt auf. Sie läuft erst zwei, drei Runden wie eine Ballettänzerin, und dann springt sie auf das "Seil", den weißen Strich in der Mitte der Manege.

Pantomimisch ahmt sie nach, wie die Seiltänzerin Balance halten muß. Nach jedem Überqueren springt sie erleichtert in den "Korb" am Seilende und verbeugt sich.

Die Schwierigkeiten der Übung steigern sich: Sie dreht sich auf dem Seil, springt hoch und landet wackelig wieder auf dem "Seil". Sie geht in die Hocke, deutet einen Spagat an...
Dann läßt sie sich von den Clowns einen Schirm reichen und macht damit einige Kunststückchen: Pirouetten, Radschlagen, Balanceakte.
Dann das Finale: Sie wirft den Schirm wieder hinunter zu den Clowns und springt mit temperamentvollem Radschlagen vom Seil.

Seehund "Nando" präsentiert die drolligen Balancekünstler

Der Seehundkopf kann aus Pappmachee gefertigt werden. Als Fell dient ein Bettuch.

Seehund "Nando" kommt in die Manege gewatschelt, die Seehundmaske aus Pappmachee ist an schwarzes, glänzendes Tuch angeheftet, und an diesem sind die Vorder- und Schwanzflossen angenäht. Ein Kind schlüpft von unten in die Verkleidung und rutscht mit ihr auf Knien vorwärts. So wird der Watschelgang täuschend echt nachgeahmt.

Nando nimmt eine Trillerpfeife und stößt einen Pfiff aus. Da kommen drei Artisten in drolligen alten Badeanzügen in die Arena gelaufen.

Noch ein Pfiff, und die Clowns werfen Wasserbälle herein. Nando angelt sie sich und wirft sie nacheinander seinen menschlichen Spielgefährten zu. Diese versuchen die Bälle auf Nase und Stirn zu balancieren.

Nando sammelt die Bälle wieder ein. Er wirft allen noch einmal die Bälle zu, und diesmal müssen die Menschen den Ball mit dem Kopf zu Nando zurückstoßen.

Nach der Vorführung ertönt wieder ein Pfiff, und es trudeln Medizinbälle herein. Auf denen versuchen die Menschen mit schnellen Fußtritten vorwärts zu rollen.

Zum Schluß springen die Menschen von den Bällen, fassen sich an den Armen und verbeugen sich.

Nando belohnt sie mit einigen Bonbons, und alle verlassen die Arena.

Die hohe Schule der Dressur

Auch bei dieser Dressur gibt ein Tier den Ton an: Pferd "Mettymähne". Unter der Pferdemaske und dem Pferdekörper (nachgeahnmt durch ein gefärbtes Bettuch) stecken zwei Kinder. Der Dompteur knallt mit der Peitsche, und eine Joggergruppe (in Jogging-Anzug, mit Stirnbändern) läuft ein.

Erst laufen sie einige Runden rechtsherum im Kreis, dann nach einem Peitschenknall linksherum.

Beim nächsten Befehl schwenken sie nach innen, "Mettymähne" senkt den Peitschenstiel, und schon machen alle fünf Liegestütze.

Ein weiterer Peitschenknall bringt sie wieder auf die Beine, sie hüpfen noch eine Runde herum, drehen sich um die eigene Achse und verlassen schließlich die Manege, indem sie eine Polonaise bilden.

Die Schlangenbeschwörerin

Für die "Schlange" nehmt ihr gelbschwarzen Stoff, näht ihn wie einen Schlauch zusammen und füllt ihn mit Wollresten. Am Kopf klebt ihr eine rote Zunge aus Filz an und bringt eine kleine Öse an, an der die Angelschnur befestigt werden kann.

Die Schlangenbeschwörerin geht mit ihrem Korb bis zur Mitte der Manege, verbeugt sich dramatisch, hebt vorsichtig den Deckel und zeigt dem Publikum kurz ihre gefährliche Schlange.

Die Beschwörerin hat einen weißen Turban auf dem Kopf, trägt Sandalen und eine weiße, weite Pluderhose. Sonst hat sie nur noch ein Bikini-Oberteil an und hält ihre Bambusflöte in der Hand.

Zur Vorführung setzt sie sich direkt vor den Zirkusvorhang, stellt den Korb ab, rückt die Schlange zurecht, nimmt die Flöte und beginnt zu spielen.

Langsam hebt sich der Kopf der Schlange aus dem Korb. Sie dreht sich zur Musik höher und höher, bis sie fast aus dem Korb herauskommt, dann geht sie langsam wieder in den Korb herunter, bis sie ganz verschwunden ist.

Die Beschwörerin faßt in den Korb und streichelt die Schlange.

Dann geht sie mit dem Korb in die Arenamitte und verbeugt sich. Dabei hebt sie für alle sichtbar auch die Schlange in die Luft.

Achtung: Sie muß vor dem Zirkusvorhang sitzen, damit der Trick mit der Schlange klappt. Denn dort baumelt unsichtbar der Plastikfaden, den sie beim "Zurechtrücken" der Schlange in die Öse am Schlangenkopf einhakt, damit jemand hinter dem Vorhang durch Ziehen und Nachlassen der Schnur die Schlange bewegen kann. Beim "Streicheln" der Schlange nach dem Kunststück löst sie den Faden vom Schlangenkopf und kann so Korb und Schlange mit in die Manegenmitte nehmen.

Hellsehen ist keine Kunst

Die Clowns legen der Zauberin eine Augenbinde um.

Dann nehmen sie ein Wörterbuch und gehen zum Publikum. Irgend jemand soll eine beliebige Stelle im Buch aufschlagen und dem Clown das erste Wort auf der rechten oder linken Seite zeigen. Das soll die Zauberin erraten. Zur besseren Kontrolle kann ein Clown das Wort aufschreiben und den Zettel dem Publikum zeigen.

Dann klappt der Clown das Buch zusammen und bringt es der Zauberin. Sie macht die Sache sehr spannend, aber schließlich schlägt sie die Seite auf.

Ihr wird die Augenbinde abgenommen, und sie kann das gesuchte Wort vorlesen!

Der Trick: Die Clowns arbeiten mit der Zauberin zusammen.

Sucht jemand die linke Seite aus, sagt der Clown: "Sehr gut!" - oder bei der rechten Seite: "Danke!" Dadurch weiß die Zauberin schon die Seite: rechts oder links.

Damit sie auch die richtige Seitenzahl errät, läßt der Clown beim Hinbringen des Buches ein Streichholz in die betreffende Seite gleiten.

Die Zauberin hat es nun sehr leicht, die gesuchte Stelle und das Wort herauszusuchen.

Wie ein Armreif eine Schnur durchquert

Der Zauberer läßt sich von den Clowns mit einer Schnur die Handgelenke aneinander binden - aber so, daß noch reichlich Bewegungsfreiheit bleibt.

Dann nimmt er einen Armreif vom Zaubertisch, zeigt ihn und behauptet, daß dieser Reif durch die Schnur geht und dann auf ihr baumelt.

Der Zauberer setzt sich zurecht, läßt die Arme kurz hinter dem Zaubertisch verschwinden, taucht wieder hoch, und schon baumelt der Reif auf der Schnur zwischen den Handgelenken! Für diesen Trick werden zwei gleiche Armreifen benötigt. Einen unterm Ärmel auf dem Handgelenk verstecken, den anderen hochhalten.

Der entscheidende Moment kommt, wenn der Zauberer hinter den Tisch taucht; dann läßt er den einen, eben noch gezeigten Armreif in einen Beutel fallen und den anderen Reif vom Handgelenk auf die Schnur gleiten.

"Hereinspaziert, meine Damen und Herren! Erleben Sie Abenteuer wie im Wilden Westen! Sheriff Launebär begrüßt Sie mit seiner dramatischen Rodeo-Nummer! - Äh, Metty, hast du dir schon den Sattel aufgelegt? Wir müssen anfangen...!"

Singen mit LI-LA-LAUNEBÄR

"Metty, laß uns etwas singen!"
"Gute Idee, Launebär. Du fängst an."
"Nein, DU, Metty!"
"Aha, dir fällt also kein Lied ein, Launebär."
"Stimmt. Wie hast du das erraten?"
"Das war ja nun wirklich nicht schwer zu erraten, Launebär. Weißt du was - wir singen mit unseren Freunden gemeinsam."
"Und was singen wir, Metty?"
"Och, wir singen... wir singen... du, hier hab' ich was. Zwei Lieder, die wir beide schon einmal gemeinsam, also im Duett, gesungen haben."
"Und die sollen usnere Freunde jetzt singen?"
"Richtig, Launebär. Wir geben Ihnen den Text, und sie komponieren dazu eine Melodie. Das macht bestimmt Spaß - vor allem, wenn sie unsere Lieder mit ihren Freunden neu vertonen und dann im Chor oder im Duett singen..."
"Da bin ich aber mal sehr gespannt..."

Mettys Brillenlied

Metty: Mein Brillen-Bär, siehst du jetzt klar?
LI-LA-LAUNEBÄR: Ach, Metty, es ist wunderbar.
Metty: Die Brille ist schwarz wie die Nacht.
LI-LA-LAUNEBÄR: Darum sie mir viel Freude macht.
Metty: Wieso ist das denn ein Genuß? Du bist ein Schwerenöter. Schau mich mal ohne Brille an!
LI-LA-LAUNEBÄR: Damit ich lauthals lachen kann?
Metty: Nu aber Schluß, sonst sieht's so aus, als wär' bei uns die Freundschaft raus.
LI-LA-LAUNEBÄR: Das stimmt nicht, nein, das liegt uns fern! Das, was sich liebt, das neckt sich gern!

Mettys Kinolied

Metty: Na, Launebär, ist es denn wahr?
LI-LA-LAUNEBÄR: Ich wär' schon gern ein Kinderstar.
Metty: Wie Otto oder Manfred Krug?
LI-LA-LAUNEBÄR: Dann hätt' ich immer Geld genug.
Metty: Ich fürchte nur, du täuschst dich sehr...
LI-LA-LAUNEBÄR: Ist Kino-Star-sein denn so schwer?
Metty: Ein Star kann nirgendwo sich zeigen, muß dauernd Autogramme schreiben. Ein Star ist niemals mehr privat...
LI-LA-LAUNEBÄR: ...wie gut, wenn man noch Freunde hat.
Metty: Ach, Launebär, die Kinowelt, ist doch aus Pappe und aus Geld! Ist auch nicht mehr aus Gold wie einst...
LI-LA-LAUNEBÄR: ...dann bleib' ich Bär, na, wenn du meinst.

Singen macht Spaß...

Bei den nächsten beiden Liedern stehen sich die "Hänsels" und "Gretels" gegenüber. Jeder singt seinen "Part", seinen Text.
Noch ein Tip: Falls ihr die Lieder nicht kennt und auch die Noten (noch) nicht lesen könnt, bittet eure Eltern, Freunde oder Bekannten, euch die Lieder vorzusingen.

Liebe Schwester, tanz mit mir!

2. Hänsel: Ei, das hast du schön gemacht. Ei, das hätt' ich nicht gedacht!
3. Gretel: Noch einmal das schöne Spiel. Weil es mir so wohl gefiel. Beide: Einmal hin, einmal her, usw.

Bei unserem nächsten Singspiel schlüpfen zwei Kinder in die Rolle der Stars, die anderen sind die Statisten. Wie beim Film. Die Stars übernehmen die Rollen von Rotkäppchen und dem Wolf; die Statisten stellen den Wald dar - sie heben ihre Arme hoch und tun so, als wären das die Äste, die sanft im Wind schaukeln...

Rotkäppchen und der böse Wolf

2. Begegnet ihm der böse Wolf.
3. "Rotkäppchen, wohin gehst du?"
4. "Ich geh' zur lieben Großmama."
5. Da fraß der Wolf die Großmama.
6. Dann fraß er auch das Rotkäppchen.
7. Dann fing der Wolf zu schnarchen an.
8. Der Jäger schnitt ihm auf den Bauch.
9. Sie feierten ein Freudenfest.

So, und wer von euch möchte nun Kater Felix sein? Bevor ihr nun alle "Hier!" schreit, möchte ich euch warnen: Kater Felix spielt eine tragische Rolle. Für die zweite Hauptrolle, nämlich die einer kleinen Maus. Sucht aus eurem Kreis bitte jemand mit einer nicht zu kräftigen, sondern ruhig etwas piepsigen Stimme aus. Kater und Maus singen aus vollem Halse, die anderen Mitspieler bilden den Chor und singen leiser und gedämpft mit.

Kater Felix

2. Die Maus fängt an zu laufen, der Kater hinterdrein. Da packt er sie beim Schwänzelein und sagt: "Jetzt bist du mein!"
3. Die Maus spielt auf der Flöte die schönste Melodie. Die Katze fängt zu tanzen an und tanzet wie noch nie.
4. Die Maus spielt immer schneller, der Kater hüpft vor Freud! Da fällt er auf den Boden hin, aus ist des Mäuschens Leid.

Party-Spiele

"Metty, ich hab' übermorgen Geburtstag."
"Ich weiß."
"Metty, ich finde, wir sollten eine große Party feiern."
"Gute Idee. Du meinst, mit Kuchen und Kakao und..."
"...und mit vielen Spielen!"
"Aber bitte nicht wieder Honig-Wettessen, wie bei deinem letzten Geburtstag. Wir wär's denn mit diesen Spielen...?"

"So, Launebär, jetzt hauen wir mal richtig in die Tasten und feiern eine Super-Party!"

Flaschentanz

LI-LA-LAUNEBÄR ist ein richtiger Tanzbär. Sich im Takt der Musik zu bewegen ist sein liebstes Hobby. Ich nenne es zwar immer scherzhaft "Herumgehopse" oder "indianischer Kriegstanz", was LI-LA-LAUNEBÄR da aufführt, aber das stört LI-LA-LAUNEBÄR nicht. Dieses Spiel mag er besonders gern:

Einige Flaschen werden kurz hintereinander in einer geraden Linie aufgestellt. Im Slalom und ohne sie zu berühren, soll nun ein Spieler mit verbundenen Augen um die Flaschen herum tanzen. Weil das sehr schwierig ist, darf es das Kind zuerst mit offenen Augen versuchen. Das ist nicht weiter schwierig. Doch nun kommt's: Dem "Tanzbär" werden die Augen verbunden. Die anderen Spieler räumen indessen leise die Flaschen weg...

Es ist aber auch zu komisch, wie der vermummte Tänzer dann ängstlich versucht, an Flaschen vorbeizukommen, die gar nicht mehr vorhanden sind...

Orangen-Tanz

LI-LA-LAUNEBÄR ist kein Dirty-Dancing-Profi. Das, sagt er, sei ihm "viel zu anstrengend". LI-LA-LAUNEBÄR tanzt lieber Walzer. Oder Tango. Oder noch lieber den Orangen-Tanz. Und der geht so:

Die Tanzpaare finden sich oder werden durch das Los bestimmt. Die Tänzer stellen sich pärchenweise auf. Jedes Paar erhält eine Orange (oder Zitrone oder Grapefruit), die aber nicht mit den Händen berührt werden darf. Der Spielleiter plaziert die Apfelsinen vielmehr zwischen den Stirnen der Tanzenden. Dort soll sie bleiben, auch wenn es dann bei flotten Rhythmen heiß hergeht auf der Tanzfläche.

Sind alle Tanzpaare mit Orangen versorgt, läßt der Discjockey seinen Plattenspieler oder Recorder anlaufen. Er wird natürlich möglichst schnelle Titel wählen! Paare, deren Orange zu Boden fällt oder die ihre Orange mit der Hand wieder in Position bringen, scheiden aus.

Dschungelnacht

Könnt ihr Tierstimmen nachmachen? Ich kenne ein tolles Spiel, bei dem ihr euch zumindest stimmlich in Elefanten, Löwen oder Bären verwandelt. Das macht Spaß! Probiert das "Arche Noah"-Spiel doch einfach mal!

Je zwei Partygäste erhalten einen Zettel, auf den ihr den gleichen Tiernamen geschrieben habt. Allerdings macht ihr's spannend: Die Zettel-Paare werden zusammengerollt und in Form von Losen an die Gäste eurer kleinen Party verteilt.

Achtung: Hebt die Lose auf, ihr braucht sie noch für das nächste Spiel!

Nachdem sich jeder ein Los gegriffen hat, wird das Licht gelöscht. Und nun beginnt die Dschungelnacht: Die Mitspieler ahmen die Stimmen und Laute "ihres" Tieres nach. Anhand dieser "Erkennungsmelodie" müssen die Paare im Dunkel der "Arche" zueinander finden.

Wem das zuerst gelingt, der hat - na logisch - gewonnen.

Pfänder-Verlosung

Seid ihr gute Verlierer? Oder hättet ihr lieber eine zweite Chance? LI-LA-LAUNEBÄR meint jedenfalls: "Beim zweiten Mal klappt alles besser!" Sein Vorschlag: Wer beim Orangen-Tanz oder bei einem anderen Party-Spiel Pech hatte, muß nicht gleich ausscheiden. Er hat nicht verloren, sondern darf noch einmal von vorne beginnen. Allerdings muß er sich diese zweite Chance erkaufen. Mit einem Pfand.

Im Verlauf der Party werden diese Pfänder dann versteigert. Und das geht so: Der Spielleiter greift in den Haufen der abgegebenen Pfandstücke und sagt dabei: "Was soll das Pfand in meiner Hand?" Der Reihe nach bestimmen die Spieler nun, was der Besitzer des Pfandes tun muß, damit es ihm wieder ausgehändigt wird.

Der "Preis" für das Pfand muß entweder sofort gezahlt werden - oder er ist nach Abschluß der Pfand-Versteigerung fällig. Ihr werdet sehen, das macht riesig viel Spaß!

Hier einige Beispiele, was ihr als Bedingung für das Auslösen eines Pfandes festlegen könnt:

1. Einmal so wie LI-LA-LAUNEBÄR "Metty!" sagen.
2. Ein Lied singen.
3. Ein Gedicht aufsagen.
4. Einen Purzelbaum schlagen.
5. Fröhliche und traurige Grimassen schneiden.
6. Mit dem Abwasch beginnen.
7. Eine lustige Geschichte erzählen.
8. Zehn Gegenstände vom Laune-Speicher aufzählen.
9. Drei Lieblingsrezepte nennen.
10. Metty beschreiben.
11. Von 100 an rückwärts zählen.
12. Zehn Kniebeugen.
13. Einen komplizierten Satz nachsprechen.
14. Einen Satz ohne "i" sagen.
15. Mit verbundenen Augen einen Gegenstand erraten.

Mit verbundenen Augen

Mit den Losen, die ihr für das Dschungelnacht-Spiel angefertigt habt, bestimmt ihr erneut Paare.

Danach wird ein Partygast in einen anderen Raum geführt. Während man ihm dort die Augen verbindet, wechseln alle anderen Anwesenden ihre Plätze. Betritt der "Spürhund" dann mit verbundenen Augen wieder den Raum, wird er aufgefordert, unter allen Anwesenden seinen Partner herauszufinden. Dabei darf nicht gesprochen werden. Er muß sich also ganz auf seinen Tastsinn verlassen...

Ohne Worte

Pantomimen stellen die verschiedensten Begriffe buchstäblich ohne Worte dar. Mit Gesten und Mimik drücken sie das aus, was sie nach den Pantomime-Regeln nicht aussprechen dürfen.

Nachdem ein Darsteller ausgewählt worden ist, teilt ihm der Spielleiter mit, was er darzustellen hat - und die Partygäste dürfen beim Zusehen und Raten ihrer Phantasie freien Lauf lassen.

Mögliche Begriffe: Personen wie z. B. Eltern, Lehrer oder andere Partygäste, außerdem Gegenstände (Auto, Puppe) - und warum nicht auch mal LI-LA-LAUNEBÄR?!

Die kleine Playback-Show

Einmal wie ein Star singen und tanzen können - wer möchte das nicht? Bei diesem Gesangs- und Tanzwettbewerb könnt ihr zeigen, daß jeder von euch das Zeug zu einem richtigen Star hat...

Nachdem sich jeder seinen Lieblingssong ausgewählt hat, betreten die Kandidaten der Reihe nach die Bühne. Und legen los - wieder ohne Worte. Denn bei einem Playback müssen nur die Lippenbewegungen exakt zur Musik passen. Der Ton kommt vom Band oder von der Platte.

Wichtig: Die Playback-Stars sollten natürlich nicht reglos dastehen, sondern sich einige Tanz- und Showeinlagen einfallen lassen!

Die von den Partygästen ausgewählte Jury vergibt Noten von 1 (Flop!) bis 10 ("Das wird ein Hit!").

Stille Post

Hier darf nach Herzenslust geklatscht und getratscht werden. Und was in der Schule nicht erlaubt ist - Vorsagen und Weitersagen -, bringt Pfiff in dieses Spiel...

Je mehr Jungen und Mädchen mitmachen, um so besser! Die Spieler setzen sich so, daß jeder seinem Nebenmann bequem etwas ins Ohr flüstern kann. Einer aus der Runde denkt sich einen möglichst langen, schwierigen Satz aus und flüstert ihn dem nächsten Spieler zu. Aber bitte so leise, daß kein anderer Mitspieler etwas hört.

Der Satz macht die Runde, indem jeder Teilnehmer seinem Nachbarn genau das übermittelt, was er verstanden hat. Der letzte in dieser Flüster-Polonaise wiederholt dann laut, was er gerade gehört hat.

Ihr könnt euch sicher vorstellen, daß das, was beim letzten Spieler ankommt, häufig mit dem Original-Satz nur noch wenig gemeinsam hat. Es soll übrigens Leute geben, die den Satz ganz bewußt verändern, um das Spiel spannender zu machen...

Selbstgereimtes

Ein Partygast wird zum Poeten erkoren. Aus einem Gedichtband wählt er ein Gedicht aus und liest die erste Zeile vor. Sein Nachbar ist nun aufgefordert, eine weitere Zeile zu erfinden. Sie muß sich auf die vorgelesene Zeile reimen. Tut sie's nicht oder fällt dem Betreffenden nichts ein, scheidet er entweder aus - oder er muß ein Pfand abgeben.

Sollte der begonnene Satz durch den Beitrag des zweiten Spielers vervollständigt sein, darf der Dritte eine weitere Gedichtzeile vorlesen.

Narr und Närrin

Alle Mitspieler sitzen in einem großen Kreis.

Die Aufgabe: Einer nennt einen Buchstaben. Diesen Buchstaben ergänzen seine Spielnachbarn (im Uhrzeigersinn) zu einem Wort. Jeder fügt also einen weiteren Buchstaben hinzu; jeder muß jedoch auch darauf achten, daß er nicht irgendeinen Buchstaben nennt, sondern einen, der sich mit den bereits genannten Buchstaben zu einem sinnvollen Begriff verbinden läßt.

Aber Achtung: Wer den letzten Buchstaben eines Wortes nennt, ist der "Narr" oder die "Närrin". Er muß entweder ein Pfand abgeben oder erhält einen Minuspunkt. Bei fünf Minuspunkten scheidet er aus den Reihen der Wort-Tüftler aus.

Wer das Wort "GEIST" gebildet hat, ist der Verlierer.

Ein Beispiel: Beginnen wir mit einem "M". Der nächste Spieler könnte nun irgendeinen Vokal (A, E, I, O, U) nennen - in jedem Fall läßt sich daraus ein Wort formen, das auch im Duden verzeichnet ist. Da er sich jedoch für ein "E" entscheidet, wird es für den folgenden Spieler schon schwieriger. Doch der meistert die Herausforderung und sagt lächelnd: "T!" Der nächste Spieler denkt nicht lange nach, sagt ebenfalls "T". Nun hat der fünfte Spieler den Schwarzen Peter in der Hand, denn mit einem "Y" vervollständigt er das Wort "METTY", wird dafür jedoch nicht belohnt. Dafür darf er jedoch ein neues Wort beginnen...

Übrigens: Aus "METT" "METTY" zu machen, zeigt zwar, daß der fünfte Spieler ein LI-LA-LAUNEBÄR-Fan ist. Hätte er durch Nennung eines "W" allerdings auf "METTWURST" umgeschwenkt, wäre ihm ein Minuspunkt erspart geblieben.

Schlagerwettbewerb

LI-LA-LAUNEBÄR ist bestimmt kein Brummbär, denn er singt sehr gerne und lautstark all die Lieder mit, die er im Radio hört. Aus dieser Gewohnheit heraus entstand das folgende Spiel, das wir mit unseren kleinen Freunden immer wieder gerne spielen:

Die Mitspieler bilden zwei Teams, die sich gegenüber sitzen. Knie an Knie. Der erste Spieler des einen Teams beginnt, den Anfang eines Schlagers zu singen: "Weine nicht, wenn der Regen fällt...".

Eine Liedzeile genügt. Der ihm gegenüber sitzende Spieler muß das Lied weitersingen, ohne aus dem Takt zu kommen: "Dam dam, dam dam...!"

Team 1 steigt nun wieder ein: "Es gibt einen, der zu Dir hält..."

Der nächste Spieler hat vielleicht keine Ahnung, wie's weitergeht. Er kennt jedoch die Melodie: "Dam dam, dam dam...!"

Die Chancen, daß er damit durchkommt, stehen gar nicht so schlecht, denn

a) wird keiner aus dem eigenen Team ihn verraten, und
b) darf ihn nur der nächste, also ihm gegenüber sitzende Spieler auf seinen Fehler aufmerksam machen und so aus dem Rennen werfen bzw. zur Abgabe eines Pfandes zwingen. Doch der ist meist viel zu nervös und denkt nur daran, wie er selbst die Hürde nehmen kann...

Wird ein Fehler in Text oder Melodie aufgedeckt, stimmt das Team, das den Irrtum entdeckte, ein neues Lied an...

Der Herr, der schickt den Jockel aus

Jeder Teilnehmer muß in der ersten Runde diesen Vers aufsagen:

"Der Herr, der schickt den Jockel aus, der soll den Hafer schneiden; der Jockel schneid't den Hafer nicht und kommt auch nicht nach Hause."

In der zweiten Runde heißt es so:

"Da schickt der Herr den Pudel aus, er soll den Jockel beißen; der Pudel beißt den Jockel nicht, der Jockel schneid't den Hafer nicht und kommt auch nicht nach Hause."

Die dritte Runde:

"Da schickt der Herr den Prügel aus, er soll den Pudel prügeln; der Prügel prügelt den Pudel nicht, der Pudel beißt den Jockel nicht, der Jockel schneid't den Hafer nicht und kommt auch nicht nach Hause."

Runde vier:

"Da schickt der Herr das Feuer aus, es soll den Prügel brennen; das Feuer brennt den Prügel nicht, der Prügel prügelt den Pudel nicht, der Pudel beißt den Jockel nicht, der Jockel schneid't den Hafer nicht und kommt auch nicht nach Hause."

Runde fünf:

"Da schickt der Herr das Wasser aus, es soll das Feuer löschen; das Wasser löscht das Feuer nicht, das Feuer brennt den Prügel nicht, der Prügel prügelt den Pudel nicht, der Pudel beißt den Jockel nicht, der Jockel schneid't den Hafer nicht und kommt auch nicht nach Hause."

Runde sechs:

"Da schickt der Herr den Ochsen aus, er soll das Wasser saufen; der Ochse säuft das Wasser nicht, das Wasser löscht das Feuer nicht, das Feuer brennt den Prügel nicht, der Prügel prügelt den Pudel nicht, der Pudel beißt den Jockel nicht, der Jockel schneid't den Hafer nicht und kommt auch nicht nach Hause."

Runde sieben:

"Da schickt der Herr den Metzger aus, er soll den Ochsen schlachten; der Metzger schlacht den Ochsen nicht, der Ochse säuft das Wasser nicht, das Wasser löscht das Feuer nicht, das Feuer brennt den Prügel nicht, der Prügel prügelt den Pudel nicht, der Pudel beißt den Jockel nicht, der Jockel schneid't den Hafer nicht und kommt auch nicht nach Hause."

Und in der letzten Runde wird's noch komplizierter: "Da geht der Herr nun selbst hinaus; da will der Metzger den Ochsen schlachten; da will der Ochse das Wasser saufen; da will das Wasser das Feuer löschen; da will das Feuer den Prügel brennen; da will der Prügel den Pudel prügeln; da will der Pudel den Jockel beißen; da schneid't der Jockel den Hafer und kommt dann schnell nach Haus'."

Spiele mit Wörtern

"Metty, rate mal, wer ich bin!"
"Hm, du siehst aus wie LI-LA-LAUNEBÄR. Du bewegst dich wie LI-LA-LAUNEBÄR. Du redest wie LI-LA-LAUNEBÄR. Du bist LI-LA-LAUNEBÄR."
"Falsch, Metty. Ich bin Napoleon."
"Napoleon! Sag mal... hast du Fieber? Bist du krank?"
"Nein, Metty. Ich bin Napoleon."
"Bist du nicht"
"Bin ich doch... na ja, jedenfalls in einem Spiel, das viel Spaß macht. Es heißt 'Botticelli', und ich finde, wir sollten es unseren Freunden unbedingt mal erklären..."
"Na, dann mal los..."

"Also, mir macht das besonders viel Spaß, anderen ein Geheimnis zu erzählen! Ich sage dann immer 'Aber sag's keinem weiter!' Und was meint ihr, wie viele tolle Gerüchte ich so schon in die Welt gesetzt habe!"

Sätze selbstgestrickt

Habt ihr LI-LA-LAUNEBÄR schon mal stricken sehen? Ich schon. Und ich glaube, daß aus LI-LA-LAUNEBÄRS Strickversuchen nie ein warmer Winterpullover wird. Weil LI-LA-LAUNEBÄR sich beim Stricken immer wieder verhaspelt, Maschen fallen läßt und schließlich das ganze Knäuel entnervt weglegt. Auch bei diesem Spiel müßt ihr höllisch aufpassen! Damit das, was ihr an Sätzen strickt, auch einen Sinn ergibt...

Los geht's: Der erste Spieler wirft einem anderen einen Ball zu und sagt dabei den Anfang eines Satzes. Zum Beispiel: "Wenn ich LI-LA-LAUNEBÄR wäre...".

Der zweite Mitspieler fängt den Ball auf und ergänzt den Satz. Beispiel: "...würde ich alle Kinder ins Studio einladen..."

Der Ball landet beim dritten Mitspieler. Dieser und alle weiteren Mitspieler haben nun zwei Möglichkeiten:

a) Sie sagen "Punkt!", weil der Satz ihrer Meinung nach abgeschlossen ist.
b) Sie wiederholen und ergänzen den angefangenen Satz. Beispiel: "Wenn ich LI-LA-LAUNEBÄR wäre, würde ich alle Kinder ins Studio einladen und Metty bitten..."

Ihr merkt schon: Reaktionsschnelligkeit und Phantasie sind hier gefragt. Wer zu langsam reagiert, scheidet aus oder muß ein Pfand hinterlegen, das anschließend versteigert wird.

So, und nun "strickt" mal schön...

Rucksack packen

Seid ihr schon einmal verreist? Dann könnt ihr euch sicher an die Aufregungen der Reisevorbereitung erinnern. Was da alles eingepackt wird... na, ihr werdet's ja erleben!

Spieler Nr. 1 beginnt: "Ich packe meinen Rucksack und nehme mit: mein LI-LA-LAUNEBÄR-Buch." Alle weiteren Spieler packen etwas hinzu - viele nützliche oder auch unnütze Sachen.

Wichtig: Bevor ein Spieler etwas in den Rucksack packt, muß er den gesamten Inhalt wiederholen - nach Möglichkeit in der Reihenfolge, in der die einzelnen Gegenstände in den Rucksack wanderten.

So wird die Aufzählung des Inhalts immer länger - und der Rucksack immer schwerer. Wer nicht mehr "tragen" kann, sich in der Reihenfolge irrt oder Wörter ausläßt, scheidet aus dem Spiel aus. Oder er muß ein Pfand hinterlegen und später, bei der Pfand-Versteigerung (siehe Party-Spiele), etwas leisten, um das Pfand zurückzubekommen.

Heiß und kalt

Gegensätze ziehen sich an. Das ist bei diesem Spiel nicht anders:

Die Spieler sitzen im Kreis. Ein Spieler wirft einem anderen einen Ball zu und ruft "Heiß!" Der angesprochene Mitspieler fängt den Ball und verkündet laut das Gegenteil dieses Begriffes - in unserem Beispiel also "Kalt!"

Und schon wandert der Ball zum nächsten Mitspieler. Der fängt ihn auf, ruft einen weiteren Begriff (z.B. "Groß!"), wirft den Ball einem anderen Spieler zu, der ihn fängt und blitzschnell das Gegenteil ("Klein!") sagen muß...

Wer nicht innerhalb von 10 Sekunden den verlangten Begriff nennen kann, scheidet aus...

Botticelli

Das Ratespiel Botticelli wurde nach einem italienischen Maler gleichen Namens benannt, der im 15. Jahrhundert lebte. Persönlichkeiten stehen im Mittelpunkt dieses lustigen Spiels. Sie gilt es zu erraten. Je mehr Spieler teilnehmen, um so mehr Spaß macht es!

Die Spielregeln: Ein Mitspieler verläßt den Raum. In seiner Abwesenheit einigt ihr euch, welche Persönlichkeit er erraten soll. Das kann ein berühmter Schauspieler oder Sänger sein, das können aber auch Vater, Mutter, Geschwister, Freunde, Tiere, ja sogar Comic-Figuren sein.

Habt ihr euch auf einen Namen geeinigt, ruft ihr euren Mitspieler wieder ins Zimmer und laßt ihn Fragen stellen. Auf jede seiner Fragen dürft ihr nur mit "Ja!" oder "Nein!" antworten.

Das hört sich wesentlich komplizierter an, als es ist. Und ihr werdet staunen, wie schnell der Fragensteller mit etwas Phantasie die richtige Lösung findet.

Ein Beispiel: Nehmen wir mal an, es gelte, den LI-LA-LAUNEBÄR zu erraten. Der Fragensteller kommt also ins Zimmer, ihr seht ihn erwartungsvoll an, und er stellt die erste Frage: "Bin ich männlich?"

Antwort: "Ja."

Zweite Frage: "Bin ich berühmt?" - "Ja."

Dritte Frage: "Bin ich des öfteren im Fernsehen?" - "Ja."

Vierte Frage: "Bin ich der Star einer Kindersendung?" - "Ja."

Fünfte Frage: "Moderiere ich diese Kindersendung?" - "Ja."

Sechste Frage: "Bin ich ein Mensch?" - "Nein."

Siebte Frage: "Bin ich ein Tier, das sprechen kann wie ein Mensch?" - "Ja."

Achte Frage: "Bin ich LI-LA-LAUNEBÄR?" - "Jaaa!"

Ihr seht: Einer so berühmten Persönlichkeit wie dem LI-LA-LAUNEBÄR kann man schon mit nur acht gezielten Fragen auf die Schliche kommen...

Spiele für drinnen und draußen

"Laß uns doch mal was anderes spielen, Metty! Nicht immer nur Fußball."
"Was möchtest du denn gerne spielen, Launebär?
"Ooch, weiß nicht. Hauptsache, es macht Spaß. Und am tollsten wäre es, wenn dir was einfiele, was man mit ganz vielen Kindern spielen kann. Und du weißt ja: Am liebsten spiele ich draußen, wenn mir die Sonne auf den Pelz scheint und ich mich so richtig wohlfühle. Aber du solltest dir auch was überlegen, was wir hier auf dem Laune-Speicher spielen können. Es sieht nämlich nach Regen aus!"
"Okay, Launebär, dann mach mal deine Schlappohren ganz weit auf...!"

Das Hufeisenspiel

Malt ein großes Hufeisen auf den Boden und teilt es in beliebig viele Felder ein; rund 20 reichen aus. Jeder Teilnehmer stellt einen beliebigen Einsatz zur Verfügung. Das kann eine Apfelsine sein, ein Pfennigstück oder auch sonst, was man will, nur muß der Einsatz der Mitspieler wiederzuerkennen sein, keiner darf also einsetzen, was ein anderer wählte. Es wird nun mit einem oder zwei Würfeln gewürfelt. Jeder setzt seinen Einsatz auf das Feld, das den geworfenen Augen entspricht. Von dort rückt er nach dem nächsten Wurf um die entsprechende Zahl der Augen weiter. Ist das erreichte Feld bereits besetzt, muß der Spieler wieder bei 1 anfangen. Wer das letzte Feld zuerst erreicht, gewinnt die Einsätze. Wer mehr Augen wirft, als zur Erreichung des letzten Feldes erforderlich sind, rückt seinen Einsatz im Kreise herum über 1 von neuem auf die Hufeisenbahn, indem er bis zum letzten Feld zählt und dann gleich weiter bei 1.

Ein Tip: Die Spieler können sich auch darauf einigen, daß derjenige gewonnen hat, der zuerst das letzte Feld erreicht oder darüber hinaus kommt.

Die reisende Orange

Auch für dieses Spiel gilt: Je mehr mitmachen, desto besser!

Die Spielregeln: Es gilt, zwei Orangen schneller an das Ende der Schlange zu bringen als das gegnerische Team.

Bildet zwei etwa gleichstarke Teams. Jedes Team stellt sich dann hinter seinem Gruppenleiter auf, der - welch ein Zufall - im Besitz einer Orange ist. Irgend jemand wird ausgewählt, das Startzeichen zu geben, und der ruft "Los!"

Bei "Los" klemmt der Anführer die Orange unter sein Kinn und dreht sich zur hinter ihm stehenden Person herum. Diese Person hinter ihm, der Empfänger", macht sich bereit, indem sie die Füße etwas auseinander stellt

und diese stabile Standposition beibehält. Mit Kinn und Hals gestikuliert sie, einem werbenden Schwan gleich, in Richtung des Orangen-Besitzers. Dieser nimmt eine ähnliche Position ein und versucht, die Orange unter das Kinn seines Mitspielers zu plazieren.

Sobald die Orange richtig liegt, ergreift der Empfänger sie mit dem Kinn und versucht, denselben akrobatischen Akt mit der hinter ihm stehenden Person durchzuführen. Zu keiner Zeit dürfen die Hände ins Spiel kommen. Auch wenn die Orange zu Boden fällt, muß derjenige, der sie fallen ließ, sie mit dem Kinn aufheben.

Kegel-Slalom

Für dieses Spiel benötigt ihr einen kleinen Ball, zwei Kegel oder zwei Holzklötze und einen Stein.

Stellt die Kegel so auf, daß der Ball problemlos zwischen ihnen durchrollen kann. Ein Spieler nach dem anderen versucht nun, den Ball zwischen den Kegeln hindurch ins Ziel (=Stein) zu schubsen. Trifft der Ball ins Ziel, ohne einen Kegel umzuwerfen, gibt es fünf Punkte. Für jeden umgeworfenen Kegel wird 1 Punkt abgezogen. Rollt der Ball außerhalb der Kegel vorbei, erreicht aber den Stein, gibt es 3 Punkte. Trifft der Ball den Stein nicht, erhält der Spieler keinen einzigen Punkt. Wer zuerst 30 Punkte erkämpft hat, ist Sieger.

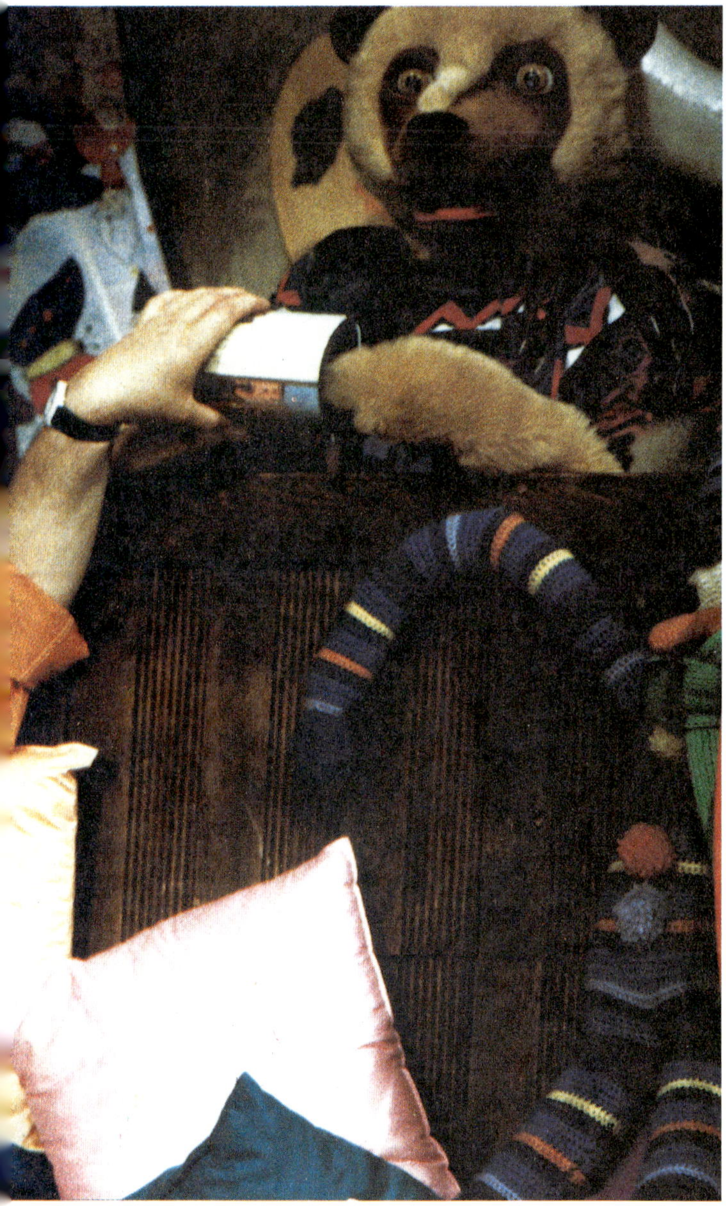

Telegramm

Ein Spiel für schnelle Denker, denn es müssen Wörter gefunden werden, deren Anfangsbuchstaben einem gegebenen Wort entspringen, jedoch den Sinn eines Telegramms ergeben sollen. Gewonnen hat, wer nach Meinung der Mitspieler-Jury das originellste oder auch das am leichtesten verständliche Telegramm aufgab.

Beispiel: AMSEL - ANKOMME MIT SCHIFF EUER LUTZ.

Der wandernde Taler

Es muß kein Pfennig sein; je größer und schwerer das Geldstück oder der Gegenstand ist, desto besser geht es. Allerdings muß man das Ding noch bequem mit der Hand umgreifen können. Früher nahm man einen Taler dazu, den man damals nach "Thaler" schrieb, ein Dreimarkstück also. Und man sang dazu das Lied: "Taler, Taler, du mußt wandern - von der einen Hand zur andern. - Das ist herrlich, das ist schön, - Taler, du mußt weitergehn."

Man muß den Taler herumreichen - oder zumindest so tun, als hätte man ihn und würde ihn schnellstmöglich loswerden wollen. Auch dann, wenn man den Gegenstand nicht in der Hand hat, muß man durch dauerndes Vorspielen des Weiterreichens den in der Mitte sich aufhaltenden Mitspieler zu täuschen versuchen. Und dabei ist das Liedchen recht nützlich, denn man macht im Takt der Musik die Gesten des Weiterreichens bzw. Abnehmens, und deshalb wird es für den Sucher immer schwieriger.

"Laß uns losen, Launebär, ob wir den Laune-Speicher aufräumen oder und lieber ein tolles Spiel ausdenken! 'Niete' bedeutet aufräumen, okay? - Ach, äh, Launebär, ich habe gar keine Lust, den Laune-Speicher aufzuräumen. Deshalb habe ich nur Gewinn-Lose in die Dose getan..."

Würfelspiele-Tricks und Knobeleien

"Ich langweile mich so, Metty!"
"Dann räume doch den Laune-Speicher auf."
"Keine Lust."
"Lies ein Buch, Launebär."
"Hab' ich schon, Metty!"
"Dann... du, wie wär's mit einem Würfelspiel?"
"Gute Idee, Metty! Mach doch mal einen Vorschlag!"
"Na schön, Launebär! Einige Spiele kennst du sicher schon, aber ich hab' auch einige neue Ideen..."

Elf hoch

Wer mit zwei oder drei Würfeln (er darf es sich aussuchen) eine Elf wirft oder der Elf am nächsten kommt, hat gewonnen. Auch hierbei kann man beliebig oft werfen. Wer jedoch über 11 Augen wirft, hat in jedem Falle verloren. - Mehrere Variationen sind möglich.

Jule

Jeder Mitspieler darf bis zu dreimal würfeln: mit allen Würfeln einzeln oder zusammen. Ziel ist, "Jule" zu werfen - 4 - 2 - 1. Wer das Spiel begonnen hat, bestimmt, seinem Ergebnis entsprechend, die Anzahl der Würfe und das höchste Ergebnis, das es zu überbieten gilt. Wirft also der 1. Spieler mit seinem 1. Wurf "Jule", übergibt er seinem Nachbarn den Becher mit: "Jule mit einem Wurf". Da diese Leistung nicht überboten werden kann, hat der 1. Spieler bereits gewonnen, die anderen spielen jetzt darum, wer ausscheiden muß. Sieht man beim 1. Wurf, daß "Jule" nicht zu erzielen ist, genügen auch Pasch oder Sequenz. Gelingt all das nicht, zählen die Augen. Bester Wurf ist "Jule" 4-2-1, zweitbester 6-6-6 - dann folgen die Pasche bis 1-1-1, achtbester Wurf 6-5-4; schlechtester Wurf 1-1-2 = 4 Augen.

Plus, Plus, Minus

LI-LA-LAUNEBÄRS liebstes Würfelspiel läßt sich leicht mit nur einem Würfel spielen. Jeder hat drei Würfe nacheinander. Die beiden zuerst geworfenen Augen werden addiert, von der Summe werden die Augen des dritten Wurfes abgezogen. Beispiel: Erster Wurf 4, zweiter Wurf 6, dritter Wurf 3; 4 + 6 = 10; 10 - 3 = 7. Natürlich kann man beim Rechnen auch unter Null kommen. Klar, daß dann gewonnen hat, wer der Null am nächsten ist. Beispiel: Der erste Spieler wirft nacheinander 2, 2, 6, der zweite Spieler 1, 4, 6. Da man für den ersten Spieler minus 2 und für den zweiten minus 1 errechnet, hat der zweite gewonnen.

Höchste Hausnummer

Mit drei Würfeln zu spielen; jeder hat einen Wurf. Nehmen wir an, bei einem Wurf seien 2, 5 und 6 gefallen. Daraus bildet man eine Hausnummer, wobei die höchste Zahl (6) die Hunderter, die mittlere Zahl die Zehner und die kleinste Zahl (2) die Einer angibt, hier also Hausnummer 652. Wer die höchste Hausnummer würfelt, hat gewonnen.

Schätze heben

Der Gewinn wird in die Mitte des Tisches gelegt und mit Streichhölzern bedeckt. Es wird mit einem Würfel gespielt. Jeder Wurf bewirkt, daß so viele Streichhölzer vom Häufchen genommen werden, wie der Wurf Augen zählt. Allerdings muß der letzte Wurf soviel Augen haben, wie noch Hölzchen liegen.

Zweiundzwanzig

Mit einem Würfel zu spielen. Jeder darf beliebig oft würfeln, bis die Summe der Augen 22 ergibt. Wer allerdings viermal wirft, kommt um einen fünften Wurf nicht umhin. Wer über 22 hat, scheidet aus. Wer der 22 am nächsten kommt oder gar 22 wirft, hat gewonnen.

Diagonale

Mit drei Würfeln zu spielen. Jeder hat drei Wurf. Gezählt werden nur die Augen, die als Diagonalen in einem Wurf liegen. Die höchste Augenzahl aller drei Würfe gewinnt. Oder die niedrigste, falls vereinbart. ("Diagonale" sind 3 oder 5.)

Die böse Sieben

Mit einem Würfel zu spielen. Jeder darf würfeln, so oft er will. Dabei gilt es, 7 zu erreichen oder nahezukommen. Wer über 7 wirft, hat in jedem Fall verloren. Wer 7 wirft oder der 7 am nächsten kommt, hat gewonnen.

Bei gleicher Augenzahl wird noch einmal geworfen.

Um die Mitte

Mit einem Würfel zu spielen. Es zählen nur die Augen, die um ein Mittelauge stehen, also:

3 gleich 2 oder 5 gleich 4.

Vom Turm pusten

Mit drei Würfeln zu spielen. Zwei der Würfel werden im Becher gestülpt. Der dritte Würfel wird auf den Boden des umgestülpten Bechers gelegt und herunter gepustet. Die Augen dieses Würfeln werden mit der Summe der beiden unter dem Becher liegenden Würfel multipliziert.

Der Tausendfüßler

Dieser hat nur hundert Füße und ist für die Kleinsten gedacht. Für jedes geworfene Auge darf man sich beim Malen des Tausendfüßlers mit ebensovielen Strichen beteiligen. Gewonnen hat, wer dem Tier das hundertste Bein anmalt mit so vielen Strichen, wie er Augen warf.

Alfred Hirschmann und Lothar Bethge erfanden ein Würfelspiel, mit dem sie zum Schutz bedrohter Tierarten aufrufen möchten. Ihr "Krötenspiel" belegte beim Spielzeugwettbewerb "Spiel mit – Schütz die Umwelt" (unter der Schirmherrschaft des Bundesministeriums) den zweiten Platz

Denkt euch doch selbst einmal ein Würfelspiel aus: Hier seht ihr Jens-Christopher und Natalie beim "Testen" ihres selbstausgedachten Würfel- und Quiz-Spiels. Clevere Fragen fielen ihnen dazu ebenso ein wie lustige Spielsituationen, die durch Fotos aus dem Familienalbum dargestellt werden. Auch hier entscheiden Wissen und Würfelglück . . .

Brandneu:

Li-la-laune-Bär Geschichten

von EUROPA

BESTELLUNGEN bitte senden an: EK CONCEPT GMBH, Hardtstraße 17, 7101 Flein (oder telefonisch: 07131/590910)

Als Musicassette:	Stück	à DM	Gesamt
LI - LA - LAUNE - LIEDER 1		8.95	
LI - LA - LAUNE - LIEDER 2		8.95	
LI - LA - LAUNE - BÄR - GESCHICHTEN 1		8.95	
Als CD (nur solange Vorrat reicht):			
LI - LA - LAUNE - LIEDER 1		12.95	
LI - LA - LAUNE - LIEDER 2		12.95	

zzgl. Porto- u. Verpackungskosten DM 2.60 (bei Vorauszahlung/Überweisung)

Die Bezahlung erfolgt:

- ☐ per Nachnahme (nur innerhalb Deutschland) zzgl. Porto + Nachnahmegebühr DM 8.-
- ☐ per Vorauszahlung/Scheck liegt bei
- ☐ per Überweisung auf Konto EK CONCEPT GMBH beim Postgiroamt Frankfurt Kto.Nr. 740 - 600

Die Musicassetten und CD´s sind vom Umtausch ausgeschlossen. Die Bestellung kann innerhalb 10 Tagen nach Absendung ohne Angabe von Gründen storniert werden. Die Auslieferung der Bestellung erfolgt schnellstmöglichst.

Ein Tag im Fernsehstudio

Es passiert jeden Tag etliche Male: Die RTL plus-Erkennungsmelodie geht über den Sender. Ein Programm-Moderator sagt die folgende Sendung an. Und schon erklingt die Titelmelodie einer beliebten Musiksendung mit bekannten Stars der volkstümlichen Musik. Oder der Titelsong einer Serie, einer Spielshow, eines Nachrichtenmagazins.

So richtig "live" ist das nicht, was ihr seht, Freunde. Die Bilder, die ihr "live und in Farbe" seht, werden nicht in dem Augenblick so gefilmt, in dem die Show oder die Reportage "über den Sender" geht. Und das hat seinen Grund: Eine solche Sendung vorzubereiten, ist knochenharte Arbeit. Viele Leute sind dafür erforderlich. Viele Gespräche und Dreharbeiten an verschiedenen Orten. Das alles "direkt", also live, zu präsentieren, ist einfach nicht möglich. Deshalb wird die Sendung aufgezeichnet; Bild und Ton aller Beiträge werden zusammengemischt - und das Ganze flimmert nach einem festgelegten Sendeplan über eure Mattscheiben.

Laßt mich euch nun unsere Gäste vorstellen! Da hätten wir zunächst einen Fernsehautor. Er ist der "geistige Vater" einer Sendung, weil er nämlich die Idee dazu hat. Diese Idee bespricht er mit einem Fernsehredakteur oder, wenn er's mit mehreren Redakteuren zu tun hat, der Fernsehredaktion. Nach diesen Vorgesprächen verfaßt der Autor ein Drehbuch. Es ist zweispaltig angelegt und enthält in der linken Spalte die Beschreibung der einzelnen Szenen, also dessen, was später im Bild gezeigt wird. In der rechten Spalte wird der Text zu den einzelnen Szenen vermerkt. Dieses Werk legt der Autor der Redaktion vor. Kopien des Drehbuchs, angefertigt von den Heinzelmännchen eines Senders, den Redaktionssekretärinnen, werden an Aufnahmeleiter, Produzenten und an so wichtige Personen wie den Programmdirektor verschickt. Die lesen sich das Drehbuch durch und lassen die Redaktion dann ihre Ergänzungs-, Änderungs-, Kürzungs-, Verbesserungs- oder sonstigen Wünsche wissen. Dementsprechend wird das Drehbuch umgearbeitet, das heißt, es kommen neue Szenen und Figuren hinzu, andere entfallen. Schließlich wird das Drehbuch "verabschiedet" - die für das Programm und die Produktion neuer Sendungen Verantwortlichen des Fernsehsenders sind mit dem Drehbuch einverstanden und geben offiziell ihr "Okay!" dazu.

Nun kann nach diesem Drehbuch eine Fernsehsendung entstehen. Bevor allerdings die Kameras anfangen zu surren, kommt auf die Redaktion eine zeitaufwendige Arbeit zu: Drehorte für die Szenen eines Spielfilmes oder die Features (die einzelnen Beiträge) einer Nachrichtensendung müssen festgelegt werden. In einigen Fällen ist sogar die Beantragung einer Drehgenehmigung erforderlich - zum Beispiel, wenn man in Firmen, auf privatem Gelände oder etwa im Hamburger Freihafen drehen möchte. Tausend - na ja, vielleicht nicht ganz so viele, aber jedenfalls eine ganze Menge - Telefongespräche sind zu führen, bis Aufnahmeteam, Mitwirkende, Requisiten (Gegenstände, die man bei Dreharbeiten benötigt), Locations (Aufnahmeorte) und ein Zeitplan abgestimmt sind.

Dann können die Außenaufnahmen beginnen. Regisseur, Produktionsleiter, Regieassistent, Redakteur(in), die Kameramänner sowie die Kameraassistenten machen sich gemeinsam mit den Spezialisten für Beschallung und Ton, Licht, Maske und Requisite auf den Weg zum Drehort. Das ist zum Beispiel ein Synchronstudio. Mit den Mitarbeitern des Synchronstudios erörtern sie das Drehbuch und beginnen dann, die Technik und die Leute im Studio in Aktion zu filmen. Einige hundert Meter Film werden dabei belichtet, und es würde Stunden dauern, das gesamte Filmmaterial zu zeigen.

Das soll auch nicht sein, denn für den Beitrag über das Synchronstudio sieht das Drehbuch dieser Magazinsendung vielleicht nur... na, sagen wir dreieinhalb Minuten vor. Also muß "geschnippelt" werden. Das bedeutet: Die Ton- und Bildaufnahmen werden im Schneide-Studio von einer Cutterin in eine hochempfindliche Bandmaschine eingelegt und bildweise "abgefahren", auf einem Monitor gezeigt. Regisseur, Produktionsleiter und Redakteur geben Anweisungen, an welcher Stelle Szenen geschnitten und welche Szenen zu einem bunten Beitrag über die Arbeit im Studio zusammengefügt werden.

Dieses so zusammengestellte Band erhält der Musikredakteur, der einige Passagen gerne mit Musik untermalt sehen würde. Also beschafft er geeignete Melodien. Im Tonstudio überträgt ein Tontechniker diese Melodien auf das Band, und dazu den im Drehbuch vorgesehenen Text eines Off-Sprechers, eines Sprechers, den man im fertigen Beitrag nicht sieht. Seine Stimme erklärt euch, was ihr auf dem Fernsehschirm seht. Wir bleiben bei diesem Beispiel, denn so kann ich euch gleich erklären, wie zum Beispiel Zeichentrickfilme in einem Synchronisationsstudio bearbeitet werden. Lassen wir meinen Freund, den Off-Sprecher, zu Wort kommen, und ich sage euch, was bei seinen Worten zu sehen ist: "Jede Synchronisation eines ausländischen Films beginnt mit einer exakten Zeitplanung (Bilder von der Hektik in einem Synchronstudio). Das ist sehr wichtig, denn in einem Film reden ja meistens eine ganze Menge von Schauspielern. Und für jede Rolle muß ein anderer Sprecher engagiert werden. Zeit ist Geld. Deshalb muß das Drehbuch Rolle für Rolle zerlegt werden, um zu erfahren, wie lange jeder Synchronsprecher benötigt wird. Natürlich kann der ganze Text nicht in einem durch synchronisiert werden. Also zerteilt man jede Szene in ganz kurze Absätze. Die werden 'Takes' genannt. Der Sprecher steht in einem schalldichten, abgedunkelten Raum (Bilder des Sprechers), damit er sich richtig konzentrieren kann. Neben dem Sprecher sitzt im Halbdunkel die Cutterin (die Cutterin am Schneidetisch kommt ins Bild). Sie überwacht, daß der deutsche Text von der Länge her genau in den Original-Take hineinpaßt. Wenn die Sprachaufnahmen beendet sind, werden alle Stimmen, die Musik und die Geräusche in der Mischung zusammengefahren (Bild: Ton-Cutterin bei der Arbeit). Auch diese Arbeit wird wieder von einer Cutterin überwacht..."

Wir drehen einen eigenen Film

Wenn ihr so etwas lest - läuft dann in eurem Kopf nicht auch ein Film ab? Seht ihr nicht auch das, was da beschrieben wird? Damit ich euch nun nicht nur stundenlang etwas über die Leute hinter den Kulissen einer

"Ein RTL plus-Regisseur gibt Regieanweisungen."

Fernsehsendung erzähle, sollt ihr gleich einmal ausprobieren, ob ihr genug Phantasie habt, um zu einem Drehbuch und einem sogenannten "Off-Text", der von einem unsichtbaren Sprecher verlesen wird, euren eigenen Film zu drehen. Ich spreche jetzt den Text, und ihr schreibt hinzu, welche Kameraeinstellung ihr wählen und welche Bilder ihr zu der jeweiligen Szene zeigen würdet. Alles klar? Okay, dann bitte... Klappe!

Ach so, das muß ich euch noch erklären: Die Klappe ist eine Schiefertafel. Sie wird zu Beginn einer Aufnahme kurz in die Kamera gehalten. Auf der Klappe sind der Filmtitel, die Szene und eine Zahl vermerkt. Sie gibt an, daß nun der soundsovielte Versuch, eine Szene "in den Kasten zu kriegen", gestartet wird. Dank der Angaben auf der Klappe kann später, im Schneideraum, eindeutig festgestellt werden, um welche Szene und welche Version einer Szene es sich bei dem der Cutterin vorliegenden Filmstreifen handelt.

Also nochmal: Klappe! Film ab. Film läuft. Bitte Ruhe.

Wir beginnen mit einer Beispiel-Szene. Ich spreche den Text, und ihr notiert das, was ihr euch beim Lesen dieser Zeilen bildlich vorstellt - so, wie wir das hier gemacht haben:

"Alle paar Wochen gehe ich zum Friseur. Nach einer herzlichen Begrüßung nehme ich auf dem Stuhl Platz - und breche in Angstschweiß aus. Wie werde ich hinterher aussehen? Werde ich mich beim Blick in den Spiegel überhaupt noch erkennen können?"

Dazu zeigt die Kamera: Metty betritt den Frisiersalon, der Meister stürzt auf ihn zu, schüttelt ihm die Hand. Metty setzt sich nervös auf einen Stuhl. Die Kamera "fährt" auf sein Gesicht zu, zeigt es in Großaufnahme, zeigt seine Angst...

Das Feature (der Beitrag), das wir nach diesem Schema nun gemeinsam drehen, zeigt die Männer eines Fernseh-Kommissariats bei der Arbeit. Es sind Drehaufnahmen über die Beteiligten und die Technik bei Drehaufnahmen.

Es geht los:

"Um euch zu zeigen, warum man so viele Leute zum Filmemachen braucht, haben wir für euch einen Tag lang Mäuschen gespielt. Und zwar bei den Dreharbeiten zu einer Krimiserie.

Kamera:

Es ist Dienstagmorgen, acht Uhr, in der Nähe des Hamburger Hafens. Ein ganz normaler Drehtag beginnt. In

der nachgebauten Kulisse einer Detektei überwacht der Kameramann die Ausleuchtung des Drehortes.
Kamera:

Requisiteure, Ausstatter und Bühnenhelfer legen letzte Hand an. Alles wuselt durcheinander, aber jeder weiß genau, was er zu tun hat. Die Hauptdarsteller, das sind die Herren Kommissare, sind auch schon da. Abseits vom Trubel werden sie in der Maske geschminkt. Und die Garderobiere überprüft noch einmal das Kostüm.
Kamera:

Als nächster erscheint der Regisseur. Mit allen Darstellern geht er kurz die Szenen des Drehtages durch.

"Regisse... akteur im Gespräch."

"Klappe - und dann läuft die Kamera!"

Dann, um zehn Uhr, signalisiert der Aufnahmeleiter: 'Alles klar!' Aufwendige Action-Szenen oder Verfolgungsjagden stehen an diesem Tag nicht auf dem Programm, nur ganz normale Dialoge. Trotzdem sind cirka fünfundzwanzig Leute erforderlich, um an diesem Tag gerade mal soviel zu drehen, daß im fertigen Film drei Minuten daraus werden können. Nachdem letzte Änderungswünsche des Regisseurs erledigt worden sind, beginnen in der Kulisse die Proben.
Kamera:

Die Proben sind nicht nur für einen Schauspieler wichtig, sondern auch für den Kameramann und seinen Assistenten. Der Regisseur legt die Gänge der Schauspieler fest - und der Kameramann die Bewegungen des fahrbaren Untersatzes, auf den die Kamera montiert ist. Selbst um Kleinigkeiten wie den richtigen Einsatz einer Türklingel muß sich der Regisseur kümmern. Dann ertönt sein Kommando: 'Film ab - und Ruhe!'
Kamera:

Wenn dann die Kamera läuft und die Aufnahmen beginnen, ist es am Drehort mucksmäuschenstill. Mehrere Assistenten des Aufnahmeleiters, mit Walkie Talkies ausgestattet, sorgen im Hausflur und unten auf der Straße dafür, daß bis zum Ende der Einstellung (der zu drehenden Szene) kein Geräusch die Dreharbeiten stört.
Kamera:

Gegen zwölf Uhr sind alle Szenen im Büro im Kasten (gefilmt), und routinemäßig wird die Kamera überprüft. Dann beginnt der Umzug in den Hausflur, und die nächste Einstellung wird vorbereitet. Einer, der immer gern am Drehort gesehen wird, ist der Koch, der das Mittagessen bringt. Für manchen reicht die Zeit gerade für einen Bissen im Stehen, dann geht es mit der nächsten Kommissar-Szene weiter.
Kamera:

Oft ist es schwierig, eine Szene so auszuleuchten, daß keine störenden Schatten über die Gesichter der Schauspieler huschen. Wieder ertönt das Kommando des Regisseurs: 'Action! Film ab! Ruhe!' Der Tonassistent, der ein Mikrofon balanciert, das wie ein Haken an einer Art Angel hängt, muß manchmal erstaunliche Verrenkungen machen, damit das Mikrofon nahe über den Schauspielern bleibt, ihre Sprache einfängt und dennoch nicht ins Bild kommt.
Kamera:

'Kleinigkeiten' machen häufig besonders viel Arbeit:

Acht Mal fällt die Klappe, acht Mal müssen die Kommissare Karteikästen auf die Straße tragen, bis alles stimmt. Mittlerweile ist es halb drei, und alle Szenen im Haus sind abgedreht. Für die letzte Einstellung, die Abfahrt der Kommissare, wird eine kurze Kamerafahrt auf Schienen vorbereitet. Das ganze Team arbeitet routiniert. Jeder weiß genau, was er zu tun hat. Das ist auch gut so, denn auf der Straße, mitten im dichten Verkehr, versteht man manchmal sein eigenes Wort nicht. Besonders unangenehm ist der Krach natürlich für den Tonmeister. Während man sich bemüht, eine für den Ton einwandfreie Aufnahme hinzukriegen, halten die Helfer des Aufnahmeleiters die neugierigen Passanten zurück.

Kamera:

Um kurz vor vier können die Kommissare endlich zur letzten Aufnahme durchstarten. Sie brausen mit ihrem Dienstwagen davon. Und sie haben gut lachen - denn damit ist für sie Feierabend. Während der Wagen losfährt, gleitet die Kamera geräuschlos über die Schienen, wodurch der Blickwinkel der Aufnahme geändert werden kann. Das sieht nach noch mehr 'Action' aus.

Kamera:

Bevor endgültig abgebaut werden kann, kündigt der Aufnahmeleiter noch eine 'Atmo' an. Eine 'Atmo' fängt die Atmosphäre am Drehort ein; es ist eine Tonaufnahme aller Nebengeräusche, die hinterher für die Tonmischung gebraucht werden."

Kamera:

Wie wär's, wenn ihr jetzt eure Freunde, Geschwister oder Eltern zur Filmjury erklärt und ihnen diesen Film vorlegt? Alle Kameraeinstellungen zu dem vorgegebenen Drehbuch habt ihr euch selbst ausgedacht! Also, ich finde das Oscar-verdächtig! Im Nachspann, das sind die Schrifttafeln, auf denen die Mitwirkenden verzeichnet sind, dürft ihr euch also getrost als Regisseur und Kameramann/Kamerafrau eintragen...

"Wer Helium-Gas einatmet, spricht so piepsig wie Micky-Maus!"

Auf das Team kommt es an

Wenn an der Tür zum Studio das rote "Achtung!"-Lämpchen aufleuchtet, wenn es losgeht mit den Dreharbeiten, ist meist das ganze Team "am Set" (am Drehort) versammelt. Mit von der Partie sind:

- ☞ Regisseur
- ☞ Kameramänner (oder Kamerafrauen)
- ☞ Kameraassistenten (oder Kameraassistentinnen)
- ☞ Licht-Mixer
- ☞ Ton-Mixer
- ☞ Redakteur (oder Redakteurin)
- ☞ Redaktionsassistenten
- ☞ Aufnahmeleiter

- ☞ Maskenbildnerin
- ☞ Requisiteure
- ☞ MAZ-Cutterin

und einige Techniker und Helfer.

Die Stimmung: fröhlich bis ausgelassen. Im Team herrscht eine tolle Kameradschaft. Jeder ist mit reichlich "Spaß an der Freud'" dabei. Weil jeder auf seinem Posten sein Teil dazu beitragen möchte, daß die Dreharbeiten reibungslos ablaufen. Und daß diese Sendung von Millionen Fernsehzuschauern gerne gesehen und ihnen in guter Erinnerung bleiben wird.

Nachdem die Experten für Licht, Ton, Requisite und Kamera das Studio so ausgestattet haben, wie es für die Sendung vorgesehen ist, können die Proben beginnen. Dabei werden noch einige Korrekturen an den Mikrofon- und Scheinwerfereinstellungen vorgenommen; Requisiten hin und her gerückt, und die Maskenbildnerin greift auch noch einmal zum Puder-Pinsel, wenn es bei einem der mitwirkenden Schauspieler notwendig erscheint.

Nach einigen Regieanweisungen und einer kurzen Text-Abstimmung mit dem Redakteur bittet der Regisseur um Ruhe.

"MAZ ab." "Maz läuft!" erklingt es über Lautsprecher aus einer dunklen Ecke des Studios, das mit modernster Studioelektronik (riesige Mischpulte für Licht und Ton) vollgestopft ist.

Auf einer der fahrbaren elektronischen Studiokameras leuchtet ein rotes Licht auf. Im Studio ist es mucksmäuschenstill. Und die Schauspieler treten in Aktion.

Komischerweise treten Versprecher immer dann in Massen auf, wenn man sie überhaupt nicht gebrauchen kann. Macht nichts, dann wird die Szene eben noch einmal wiederholt. Während die vielen Studioscheinwerfer an der Studiodecke den Schauspielern und dem gesamten Team ganz schön einheizen, gibt der Regisseur Hinweise, wie sich die Darsteller in dieser Szene hinstellen, in welche Kamera sie schauen sollen und welche Stichwörter ihnen ihren Einsatz signalisieren.

Die Kameras laufen noch einmal an. Und es klappt.

"Das sehen wir uns jetzt einmal an!" verkündet der Regisseur und bittet die MAZ-Technik, das Band auf einen Studiomonitor einzuspielen. Das gesamte Team sieht sich die Szene zweimal an, und als niemand Einwände erhebt, ist die Szene "gestorben", abgehakt, erledigt.

Weiter geht's mit dem nächsten Take, der nächsten Aufnahme. Wieder fällt nach einer kurzen Regiebesprechung und Probe die Klappe, wieder ist die Szene nach ein, zwei Anläufen im Kasten.

Spätnachmittags, manchmal auch spätnachts, sind alle Takes im Kasten. Das Team ist geschafft - und happy. Wenn diese Sendung den Zuschauern nur halb so viel Spaß macht wie den an der Produktion Beteiligten, hat sich der ganze Aufwand schon gelohnt...

Kinder malen LI-

"Metty, guck mal, was mir der Postbote gebracht hat!"
"Sagenhaft, Launebär! So viele Zeichnungen! Und eine schöner als die andere! Also, Launebär, ich wußte gar nicht, daß du so eine Schönheit bist!"
"Ich auch nicht, Metty!"
"Du, Launebär... da könnte man ja direkt neidisch werden!"
"Och, Metty, sei nicht traurig. Weißt du, ich habe eine Idee! Wir bitten alle unsere Freunde, uns noch viel mehr Bilder zu schicken! Die Schönsten werden im nächsten LI-LA-LAUNE-BÄR-Buch veröffentlicht! Und, Metty... vielleicht bist du ja dann auch öfter mal dabei!"
"Das will ich hoffen, Launebär! Denn wenn wir den Spiegel fragen würden, wer wirklich der Schönste im ganzen Land ist... aber lassen wir das! Sag mal, wohin sollen die Kinder die Bilder denn schicken?
"O, Metty, das hätte ich fast vergessen! Also, Freunde, hier ist die Adresse:
EK-Concept GmbH, Hardtstr. 17, 7101 Flein."
"Okay, dann drücken Launebär und ich euch die Daumen, daß ihr im nächsten LI-LA-LAUNEBÄR-Buch an dieser Stelle mit eurer Zeichnung vertreten seid!"

Katharina Menke

Katrin Schellhase, 11 Jahre

LA-LAUNEBÄR

Kristina Penzler

Marina Muntz, 13 Jahre

Lieber Li-la-laune-bär
Das bist Du

METTY und

das
LiLa laune Bär

Li La lA
Ne Bär

LI LA LAUNEBAER
Hum
Mach Gag mal Locker
honig
Von Sebastian

Sandra Hermanns

Lieber Li-la-Launebähr!
Dieses hübsche Bild hat Dior die 5 Jährige
Yvonne Otte gemalt.
geschrieben: Melanie Otte
YVNNE OTTE

LI-LA-LAUNEBÄR trifft BERRY-BÄR

"Hallo, ich bin der LI-LA-LAUNEBÄR!"
"Hallo, ich bin der BERRY-Bär!"
"Das ist ja schön, daß ich Dich endlich einmal kennenlerne. Deinen Namen habe ich schon so oft gehört. Aber erzähl' mir doch mal, wo Du genau herkommst und was Du machst. Ich komme aus dem Hause KABA. Da habe ich an dem BERRY-BUCH mitgearbeitet! Ja, ich habe ein eigenes Buch. Genau wie Du."
"Ach ja? Hast Du etwa auch eine eigene Fernsehsendung? Und vielleicht sogar einen so herrlich unaufgeräumten Laune-Speicher?"
"Nein, leider nicht! Aber ich bin ein Spezialist für süße Ideen. Ich möchte - genau wie Du - unsere kleinen Freunde unterhalten und ihnen ein paar nützliche Tips geben. Deshalb mache ich auf den folgenden Seiten Vorschläge für süße Sachen. Die schmecken immer!"
"Eine Super-Idee! Einen Spezialisten für Süßes in meinem Buch - toll! Weißt Du, ich finde, wir Bären sollten zusammenhalten. Du zeigst allen meinen Freunden, welche leckeren Sachen sie sich ganz leicht selber kochen und backen können. Und danach gehen wir beide auf den Laune-Speicher. Da zeige ich Dir alle meine Schätze. Denn weißt Du... eigentlich ist man als Bär doch oft ziemlich allein. Deshalb bin ich froh, daß ein anderer berühmter Bär, der BERRY-Bär von KABA, jetzt mein Freund ist...!"

Schnelle Plätzchen

100 g Mehl
150 g Speisestärke
2 EL Kabafit Vanillegeschmack
100 g Puderzucker
200 g Margarine
Bunte Zuckerstreusel zum Garnieren

1 Schalte den Backofen zum Vorheizen auf 175° C.

2 Gib alle Zutaten für den Teig in eine Rührschüssel und verknete sie mit den Knethaken des Handrührgerätes zu einem Teig.

3 Setze mit zwei Teelöffeln kleine Häufchen auf ein mit Backpapier ausgelegtes Blech. Drücke die Teighäufchen mit einer Gabel platt.

4 Betreue die Plätzchen mit Zuckerstreuseln.

5 Backe die Plätzchen in etwa 25 Minuten goldgelb.

6 Danach legst Du sie zum Auskühlen auf ein Kuchengitter, damit sie schön knusprig werden.

Haselnuß-Konfekt

Backpapier
100 g Haselnußkerne
1 Eiweiß
200 g Vollmilch-Kuvertüre
100 g Puderzucker
2 EL Kaba
5 EL Sahne

1 Schalte den Backofen zum Vorheizen auf 175° C.

2 Röste die Haselnüsse etwa 15 Minuten im vorgeheizten Ofen. Danach abkühlen lassen und im Alleszerkleinerer oder der Mandelmühle mahlen.

3 Schlage etwas Eiweiß zu Schnee und schmelze die Kuvertüre im Wasserbad.

4 Verrühre die Haselnüsse mit Puderzucker, Kaba und dem Eisschnee. Rühre die Sahne unter die Kuvertüre und mische die Nußmasse mit der Schokoladenmasse.

5 Fülle die Konfektmasse in einen Spritzbeutel und verteile die Masse in Konfektförmchen. Stelle sie dann zum Festwerden etwa 4 Stunden in den Kühlschrank.

Popcorn

1 EL Öl
3 EL Popcorn-Maiskörner
1 EL Kabafit Vanillegeschmack
1 EL Puderzucker

1 Erhitze das Öl in einem Topf mit gut schließendem Deckel bei mittlerer Hitze.

2 Gib die Maiskörner hinein und lege den Deckel auf. Schon nach wenigen Minuten werden die Maiskörner aufplatzen. Nimm auf keinen Fall den Deckel ab.

3 Wenn die Maiskörner geplatzt sind (nach etwa 5 Minuten), kannst Du den Topf vom Herd nehmen und das Popcorn mit Kabafit Vanillegeschmack und Puderzukker mischen.

Vanille-Milchreis

1 l Milch
1 Prise Salz
250 g Milchreis
9 EL Kabafit Vanillegeschmack
1 Glas Kirschen ohne Steine

1 Gib die Milch mit dem Salz in einen Topf und laß sie aufkochen.

2 Nun den Reis und Kabafit Vanillegeschmack dazugeben. Dekkel auf den Topf und den Reis bei kleiner Hitze etwa 40 Minuten ausquellen lassen. Dabei mehrmals umrühren.

3 Verteile den Vanille-Milchreis auf 4 tiefe Teller und gib jeweils eine Portion Kirschkompott dazu.

"Grießpudding mögen Launebär und ich jeden Tag anders — mal mit Himbeersirup, mal mit Kirschen, mal mit Heidelbeeren ...!"

Heiße Liebe

1/2 Becher Sahne (100 g)
3/4 l Milch
6 EL Kabafit Erdbeergeschmack
1 EL Zitronensaft
1 EL bunte Zuckerstreusel

1 Schlage die Sahne steif.

2 Erhitze die Milch in einem Topf, gib Kabafit Erdbeergeschmack und Zitronensaft in die heiße Milch und verteile sie auf 4 Gläser.

3 Setze auf jedes Glas eine Sahnehaube und garniere mit den Zuckerstreuseln.

Kinder-Glühwein

1 unbehandelte Zitrone
1 l schwarzen Johannisbeersaft
1 Stück Zimt
4 Gewürznelken
10 EL Kabafit Erdbeergeschmack

1 Wasche die Zitrone und schneide die Schale in dünnen Streifen ab.

2 Erhitze den Johannisbeersaft mit der Zitronenschale, dem Zimt und den Nelken.

3 Presse die Zitrone aus, gib den Zitronensaft und Kabafit Erdbeergeschmack in den erhitzten Johannisbeersaft und rühre den "Glühwein" um.

4 Nimm Zitronenschale, Zimt und Nelken heraus und serviere das Getränk heiß.

Mandelkakao

- 1 l Milch
- 50 g gemahlene Mandeln
- 2 Eigelb
- 4 EL Kaba
- 4 Tropen Bittermandelöl
- Raspelschokolade

1 Koche die Milch mit den Mandeln in einem Topf auf und laß sie wieder abkühlen.

2 Verrühre Eigelb, Kaba und Bittermandelöl und gieße die Milch unter Rühren dazu.

3 Stelle die Milchmischung für eine Stunde in den Kühlschrank.

4 Verteile den Mandelkakao auf 4 hohe Gläser und bestreue ihn mit Raspelschokolade.

Heiße Eisschokolade

- 1/2 Becher Sahne (100 g)
- 1 P. Vanillezucker
- 3/4 l Milch
- 6 EL Kaba
- 1/2 P. Vanilleeis (250 ml)

1 Schlage die Sahne steif, mische den Vanillezucker unter und fülle die Vanillesahne in einen Spritzbeutel mit Sterntülle.

2 Erhitze die Milch, rühre Kaba hinein und gieße den Kakao in 4 große Becher.

3 Schneide das Vanilleeis in 4 Würfel und gib in jeden Becher eine Portion Eiscreme.

4 Garniere die heiße Eisschokolade mit der Sahne und serviere das Getränk sofort, bevor die Eiscreme schmilzt.

3. Scheren, Scheren und nochmals Scheren. Ein richtiger Scherensalat. Erkennst du in 10 Sekunden, wie viele Scheren es sind? Wenn die Zeit zu knapp ist, sei großzügig und gib dir ein paar Sekunden mehr!

1. So viele verschiedene Kaffekannen! Sieh sie einen Moment lang an und erzähle dann dem LI-LA-LAUNEBÄREN, ob du zwei identische Kaffekannen gesehen hast.

2. Beim Zeichnen macht man immer verschiedene Striche. Mal runde, mal gerade - und jedesmal entsteht etwas anderes. Die Tasse, die Schlange und das Haus! Wer hat die runden, wer die geraden Striche?

4. Sieh dir das Schwarz-weiß-Bild kurz an und antworte dann auf folgende Frage: Welche Flächen überwiegen, die schwarzen oder die weißen?

(Lösung zu 1: 1. und 6. sind identisch · Lösung zu 2: Tasse + Schlange = rund. Haus = gerade · Lösung zu 3: 9 Scheren · Lösung zu 4: weiß)

Das etwas andere Ballspiel

Wenn es dir langweilig zu Hause wird, suchst du dir einfach ein paar Kleinigkeiten zusammen, die du sicher im Haus hast, und bastelst dir ein tolles Spiel.

Du brauchst dazu:

1 Joghurtbecher, 1 Stück Pappe, einen alten Stift, etwas Hutgummi, eine Papprolle, die über den Joghurtbecher paßt oder einen zweiten offenen Joghurtbecher, Klebstoff, Pingpongball oder ähnliches.

1. Setze den Joghurtbecher auf die Pappe und male die Umrisse des Bodens zweimal aus. Schneide die beiden Scheiben aus.

2. Befestige das Hutgummi innen im Joghurtbecher von einer Seite zur anderen, im Abstand von 3 cm von der größten Öffnung. Den Stift befestigst du mit Klebeband auf den beiden ausgeschnittenen Pappen und schiebst ihn in den Joghurtbecher. Klebeband über Kreuz wie auf dem Bild.

3. Stecke jetzt die Papprolle auf den Joghurtbecher und klebe ihn fest. So hat dein Spiel mehr Halt, und du hältst es auch besser in der Hand.

Zum Schluß setzt du einen leichten Ball obendrauf und stößt ihn mit dem Stift hin und her. Der Ball bekommt durch das Gummiband in der Mitte den Schwung.

Ein verrücktes Experiment

LI-LA-LAUNEBÄR und du machen ein tolles Experiment!

Du brauchst dazu nur zwei Luftballons und einen Wollpulover. Zuerst bläst du die Ballons gut auf und machst sie fest zu. Dann reibst du sie ziemlich ausgiebig an deinem Wollpullover. Wenn einer nicht funktioniert, nimmst du den nächsten. Dann hältst du die Luftballons an die Zimmerdecke - und du wirst staunend feststellen, daß sie dort oben hängen bleiben.

Was ist passiert?

Die Luftballons haben sich durch die Reibung an deinem Wollpulli elektrisch aufgeladen. Sie haben vom Pulli "Elektronen" - kleine negative elektrische Teile - aufgenommen. Die Decke ist positiv geladen, und der Ballon wird dadurch von der Decke angezogen. Na, willst du das Experiment wagen? Dann nichts wie in deinen Schubladen nach vergessenen Luftballons suchen!

1. Wie kommt LI-LA-LAUNEBÄR zu den leckeren Pommes Frites?
2. Setze zwischen die Zahlen das richtige Rechenzeichen, um zu dem Schlußergebnis zu kommen.

30	8	12	2	=	28
80	10	5	7	=	58
5	3	10	8	=	20

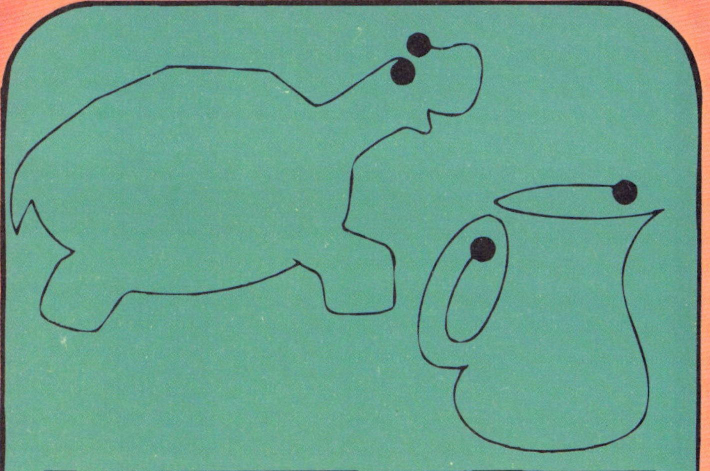

Kannst du auch diese Figuren in einem Strich - ohne abzusetzen - nachmalen? Es geht von Punkt zu Punkt. Übe auf einem Blatt, bis du es perfekt kannst. Dann laß es deine Freunde versuchen.

3. Die Buchstaben in den Seifenblasen bilden, richtig zusammengesetzt, den Namen eines berühmten Komponisten.

(Lösung zu 1: Weg B · Lösung zu 3: Mozart)

“Feuerwehr spielen”

Ihr braucht: 14 Spielmarken und 1 Würfel. Die Spielmarken werden zwischen den Spielern aufgeteilt. Jeder muß seine kennen. Jeder Spieler hat “seine” Spielmarken auf einem großen Feld geparkt. Der Start ist beim schwarzumrandeten Quadrat. Von dort aus versucht ihr, eure Spielmarken so schnell wie möglich durch das Würfeln auf ein Feld mit einem Feuer (Feuer löschen) oder auf ein Kind (Kind retten) zu bringen. Dort angekommen, laßt ihr eure Spielmarke dort liegen und fangt mit der nächsten neuen an. Wer zum Schluß die meisten Feuer gelöscht bzw. Kinder gerettet hat, hat gewonnen. Wer ist am schnellsten? Viel Spaß!!!

Fischspiel
6

Zuerst mußt du in der ganzen Familie viele Korken sammeln. Dann brauchst du dazu: Zwirn oder ein Band, Bleistift oder Filzstifte, Büroklammern, kleine Schrauben mit Ring wie auf dem Bild, eine Schere.

So wird es gemacht:
Drehe eine Schraube mit Ring in jeden Korken. Schreibe Zahlen mit deinen Filzern unten auf den Korken (das sind die Punkte, die du später sammelst.) Du kannst Zahlen von 1 - 20 nehmen, oder so wie du es möchtest.

Dann schneidest du dir aus Pappe verschiedene Fische zurecht und beklebst die Korken damit! Achtung, die Fische müssen teilweise identisch sein, sonst erkennst du durch die Fische dleich die Punktzahl! (z.B. muß es gleiche Fische mit einem Punkt und auch mit 20 Punkten geben - sonst kannst du mogeln!)
Und dann geht es los. Jeder Spieler befestigt an einem Bleistift oder einem kleinen Stab ein Band und eine Büroklammer als Angel und versucht jetzt, die Fische zu angeln. Die Großen müssen es mit geschlossenen Augen machen, die kleinen dürfen hingucken. Von jedem gefangenen Fisch werden die Punkte gezählt und für die Person aufgeschrieben.
Wer am Schluß die meisten Punkte hat, hat gewonnen.

Ein Nachmittag im Wald

Metty und LI-LA-LAUNEBÄR nach einem Waldspaziergang. Metty hat ein Foto von der schönen Landschaft gemacht. Und stell dir vor, da hat doch jemand Löcher rein-geschnitten! Ist das nicht eine Gemeinheit? Rechts im Bild siehst du die ausgeschnittenen Felder. Hast du Lust, für Metty und den LI-LA-LAUNEBÄREN das Bild zu reparieren? Wenn du genau aufpaßt, kannst du die fehlenden Stellen gut erkennen und überträgst sie mit deinen Stiften in die Löcher.

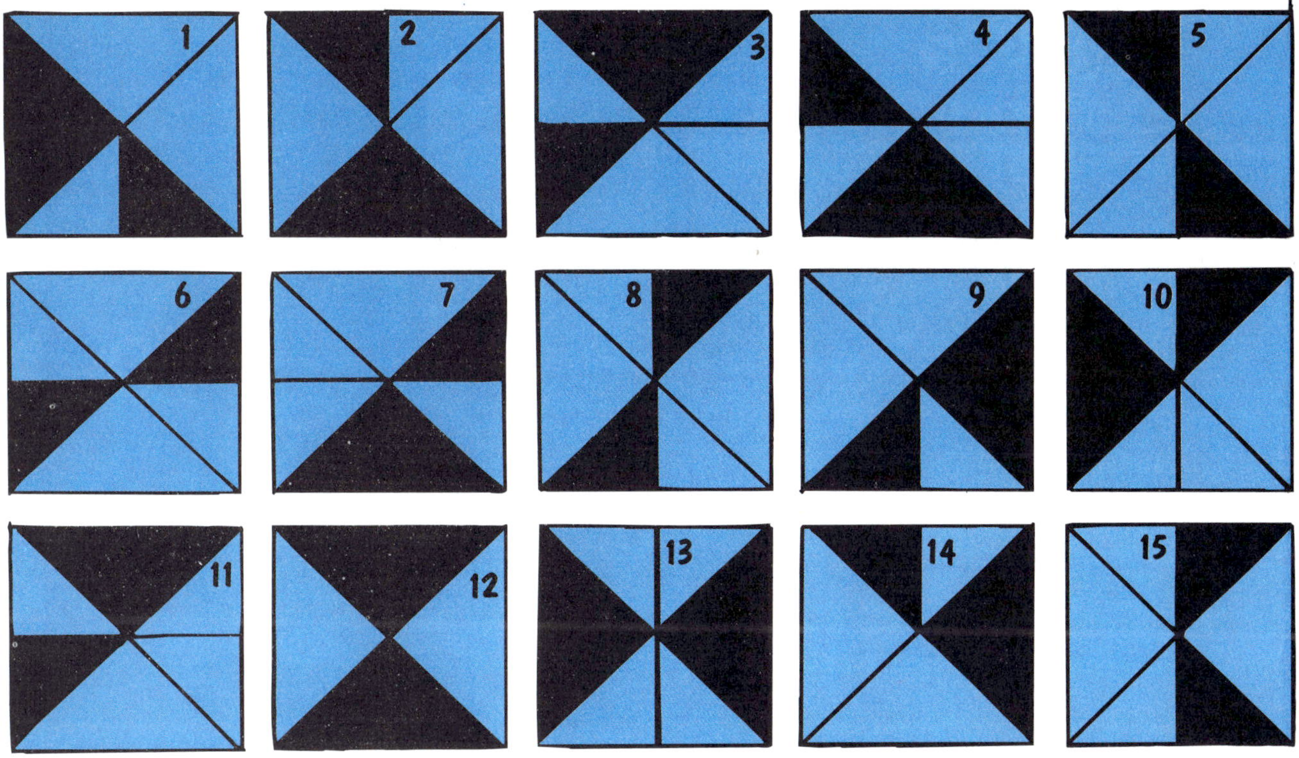

LAUNEBÄRS Logik-Test

Lauter Dreiecksfiguren. Alle sehen sich zum Verwechseln ähnlich. Was glaubst du, sind alle identisch? Gibt es mehrere gleiche oder sind alle unterschiedlich?

Hilfe, ein Geist!

Kennst du dich im Zoo gut aus? Dann kannst du vielleicht sofort erkennen, welches Tier hier auf dem Bild gemeint ist. Weißt du es nicht gleich, brauchst du nur die Zahlen in der richtigen Nummernfolge verbinden. Beginne bei der Nummer 1 und ende bei der Nr. 63. Verbinde die Zahlen zuerst mit einem Bleistift. Später malst du dann das Bild bunt aus.

(Lösung zu Logik-Test: 2 identisch = Nr. 3 und Nr. 11)

1. LI-LA-LAUNEBÄR liebt die Tiere sehr. Und deshalb weiß er auch ganz genau, was seine Freunde am liebsten essen. Weißt du das auch? Überlege, wie die Tiere heißen und welche Nahrung zu ihnen paßt. Welches Tier frißt fast alles?

Das Rätsel der vier Sonnen

2. Die Sonne scheint LI-LA-LAUNEBÄR so schön auf seinen breiten Rücken. Sie steht ziemlich hoch am Himmel. Da hat doch jemand gleich noch ein paar Sonnen dazugemalt. Aber das kann doch gar nicht stimmen. Weißt du, welche Sonne auf LI-LA-LAUNEBÄR scheint, wenn sein Schatten so fällt?

(Lösung zu 1: 1. Katze - 4 Fisch, 2 Gans - 3 Mais, 3 Maus - 7 Käse, 4 Hund - 5 Knochen, 5 Affe - 1 Banane, 6 Schwein - 6 Apfel und fast alles, 7 Eichhörnchen - Eichel. · Lösung zu 2: Sonne Nr. A.)

Launebärs Privat-Museum

Wie du sicher weißt, gibt es verschiedene Elemente: Luft, Wasser, Erde und Feuer. Jedes Lebewesen fühlt fühlt sich in einem anderen Element am wohlsten, Feuer allerdings verträgt keines. Du fühlst dich sicher auf der Erde am wohlsten. Hier auf der Seite siehst du viele verschiedene Lebewesen und Sachen. Ordne sie ihrem Element zu.

(Lösung: Hund, Schwein, Känguruh, Blume, Haus, Vogel, Strauss, Marienkäfer, Baum, Kaktus, Pilz, LI-LA-LAUNEBÄR, Hirsch, Schlange. = 13. Luft: Drachen, Flugzeug, Biene, Papagei, Schmetterling, Vogel = 6. · Meer: Schiff, Hai, Tintenfisch, Fisch, Seestern. = 5.)

Lösung: 3 + 2 = 5 Krüge. 7 - 3 = 4 Nägel. 2 + 4 = 6 Tassen.

Kannst du auch so gut rechnen wie LI-LA-LAUNEBÄR?

Na, das werden wir gleich sehen. Addiere bzw. substrahiere die Gegenstände oben auf den Bildern und trage die richtige Zahl in den Kreis ein. Die Summe siehst du auf der rechten Seite. Also zum Beispiel: 3 Krüge + ? Krüge = 5 Krüge?

Das Launebär Labyrinth

Wie kommt denn der Oldtimer am besten zur Tanksäule? Du mußt ihm helfen, den Weg zu finden. Sonst schafft er es nicht und bleibt unterwegs ohne Benzin liegen. Führt der Weg 1, 2 oder 3 ans Ziel?

Lösung: Weg 1.

Schatten, Schatten, Schatten...

Welcher Schatten gehört zu dem Hund auf dem Bild?

Lösung: Schatten 4.

Lösung: Hammer.

So viele Gegenstände...

Alle Sachen sind doppelt oder mehrmals da, weil im Studio einige Mitglieder des Laune-Teams alle Sachen einfach so liegen lassen. Na ja, nicht immer, aber manchmal sind sie wirklich ein wenig unordentlich. Findet jedenfalls Launebär, dem alle immer vorwerfen, er sei unordentlich. Welchen Gegenstand findest du hier auf dem Bild am häufigsten? Es ist einer, den man auch beim Kulissenaufbauen im Studio sehr oft braucht.

LAUNEBÄREN reparieren alles...

O je, die Vase ist zerbrochen. Wer setzt denn die Scherben wieder zusammen? Du natürlich! Schreibe dir auf ein Stück Papier, welche Nummer zu welchem Buchstaben gehört. Wenn du möchtest, male die Vase bunt an!

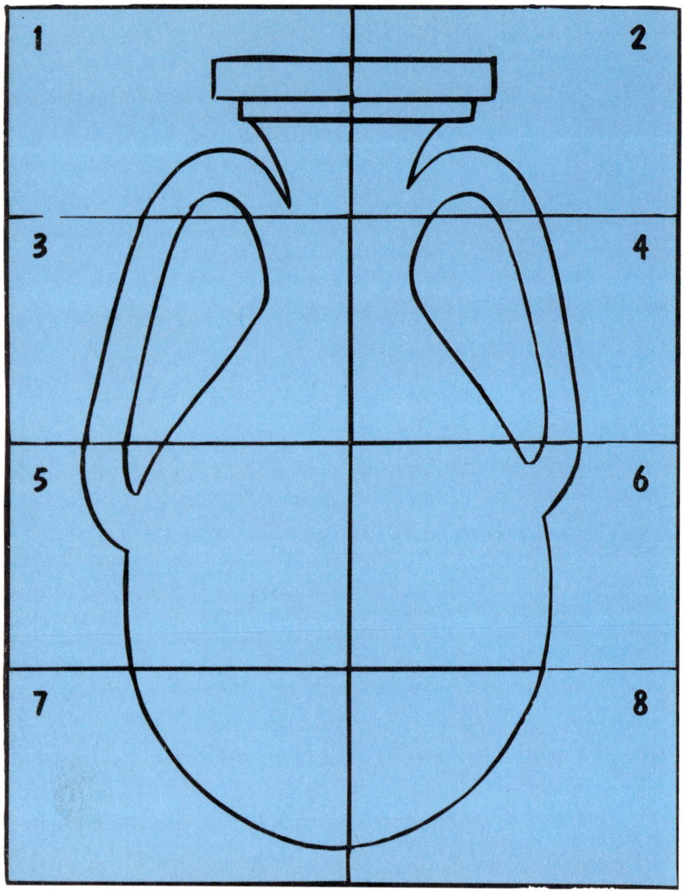

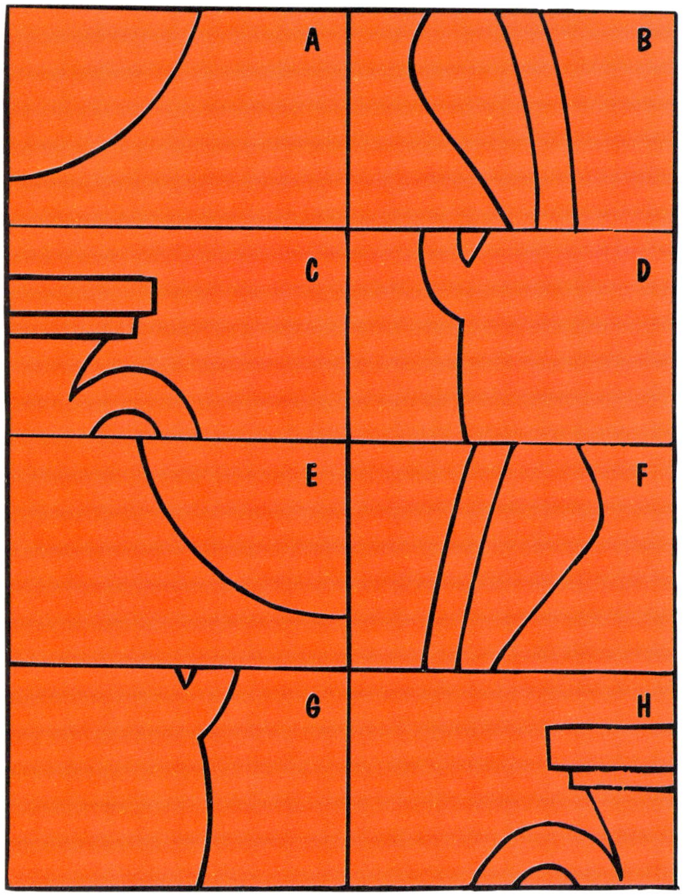

Kannst du schon zählen?

Wenn noch nicht, übst du hier spielend! Zähle die Buntstifte und Tintenfässer, die bunten Äpfel und Zahnbürsten und trage die Zahlen in den Kreis ein.

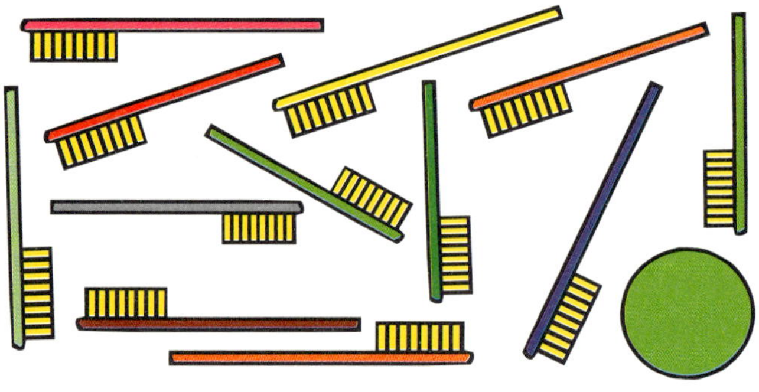

Lösung: 1 H, 2 C, 3 F, 4 B, 5 D, 6 G, 7 E, 8 A.

Lösung: 8 Buntstifte, 5 Tintenfässer, 10 Äpfel, 12 Zahnbürsten.

Das LI-LA-LAUNEBÄR-Puzzle

LI-LA-LAUNEBÄR zerbricht sich den Kopf. Die Jungs vom Aufnahmeteam haben ihm gesagt, jedes aufgemalte Bild auf den Luftballons gehöre zu einem anderen Bild. LI-LA-LAUNEBÄR folgert: Dann stehen also immer zwei Sachen in einem Zusammenhang miteinander. Na, wenn das so ist...! Hilfst du ihm, die zwei zusammengehörenden Gegenstände zu finden?

Lösung 1 + 14, 2 + 12, 3 + 9, 4 + 5, 6 + 15, 7 + 10, 8 + 13, 11 + 16.

Wer läuft denn da mit LI-LA-LAUNEBÄR um die Wette?
Was glaubst du, wer könnte es von den oben abgebildeten Tieren am ehesten mit LI-LA-LAUNEBÄR an Schnelligkeit aufnehmen? Auf dem Bild siehst du fünf verschieden Tiere. Weißt du, welche dieser Tiere schwimmen können?

Nun noch etwas für gute Beobachter: Die Tiere und Gegenstände haben ein bestimmtes Aussehen. Unten siehst du die gleichen Formen noch einmal. Findest du die Formen unten wieder? Welche Zahlen und Buchstaben gehören zusammen? Welche Form paßt nicht zu den unteren?

Lösung: 1. Wettlauf mit dem Bären = Hase. · 2. Schwimmtiere = Schildkröte, Ente, Fisch, Krebs. · 3. Formen gehören zusammen: 1 I, 2 K, 3 A, 4 G, 5 C, 6 paßt nicht, 7 E, 8 J, 9 B.

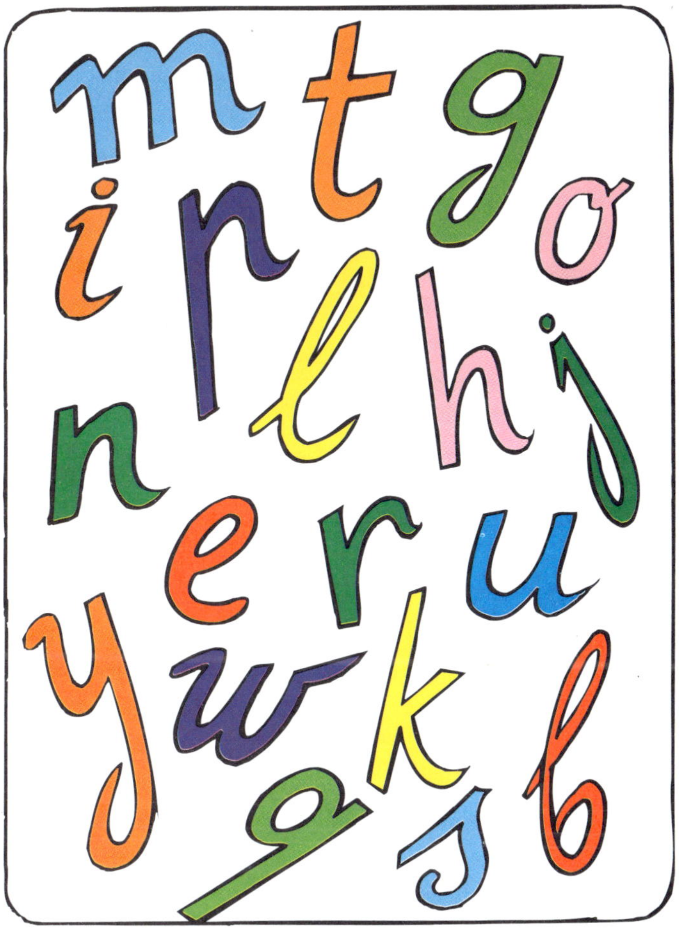

Das LI-LA-LAUNEBÄR-ABC

Kennst du schon alle Buchstaben? Wenn du noch etwas unsicher bist, kannst du hier mit LI-LA-LAUNEBÄR üben. Da macht es vielleicht mehr Spaß als in der Schule. Suche immer den gleichen Großbuchstaben zu einem Kleinbuchstaben heraus und schreibe ihn in dein Heft. Du kannst auch beide mit deinem Filzer verbinden.

Launebär räumt auf...

Viele Sachen hat der LI-LA-LAUNEBÄR heute im Studio aufgebaut. Er will dir zeigen, welche Gegenstände aus Holz sind und welche aus Metall. Zähle die Gegenstände aus Metall und auch die aus Holz.

Lösung: Metall: 9, Holz = 6. Metall: Büroklammer, Kochtopf, Messer, Schere, Anker, Zange, Haken, Heftzwecke. Holz: Stift, Stuhl, Bilderrahmen, Tisch, Holzschuh, Kuchenrolle.

Launebärs Obst- und Gemüse-Tag

1. LI-LA-LAUNEBÄR ißt für sein Leben gern Obst und Gemüse. Das schmeckt, macht nicht dick und ist gesund. Aber weiß er auch immer, wie sein Obst und Gemüse wächst? Hier siehst du 9 verschiedene Obst- und Gemüse-Sorten. Erkläre dem LI-LA-LAUNEBÄR, was in der Erde wächst, was am Strauch und was am Baum wächst.

Launebärs Würfel-Allerlei

2. So viele Würfel. Alle spielen heute Mensch-ärgere-dich-nicht! Es gibt drei Spieltische mit je 5 Kindern. Zufällig haben zwei Kinder den Würfel so auf den Tisch geworfen, daß sie völlig identisch aussehen. Weißt du, welche Würfel das sind?

(Lösung zu 1: Baum: Birne, Apfel, Kirsche, Kokosnuss. Strauch: Erdbeere, Banane, Ananas. Erde: Mohrrübe, Radieschen · Lösung zu 2: Nr. 1 und Nr. 12.)

LI-LA-LAUNEBÄRS Buchstabensalat

S	T	O	B	I	R	N	E	H	D	L
O	V	R	U	N	S	A	M	O	E	N
A	L	K	R	O	K	O	D	I	L	G
P	A	L	A	N	T	A	R	H	E	L
F	R	U	V	K	S	L	A	R	F	N
E	S	L	H	R	M	Ö	M	O	A	B
L	T	H	Y	K	N	W	I	M	N	N
S	I	J	Ä	L	Q	E	F	R	T	A
I	R	A	N	A	L	T	I	V	I	R
N	J	V	E	R	D	B	E	E	R	E
E	L	T	O	N	L	G	T	O	N	I

(Lösung: Senkrecht: Apfelsine, Löwe, Elefant. Waagerecht: Birne, Krokodil, Erdbeere. · Lösung: Weg 3.)

Oh, was für eine tolle Buchstabensuppe! LI-LA-LAUNEBÄR ist hellauf begeistert. Er hat sich den Spaß erlaubt, dir in diesem Buchstaben-Salat die Namen von drei Tieren und drei seiner Lieblingsobstsorten zu verstecken? Wie lange brauchst du, sie zu finden? Stoppe mit deinen Freunden die Zeit.

Wie schwer hat es das kleine Hundchen, zu seinem versteckten Knochen zu kommen!

Es gibt so viele Wege dorthin. Hat dein Hund auch die Angewohnheit, seinen Knochen in der Erde zu verbuddeln? Aber ganz sicher findet er ihn eher als du. Und manchmal findet ihn auch ein anderer Hund. Hunde haben nämlich feine Nasen...
Hier kannst du dem Hund helfen zu sagen, ob Weg 1, 2 oder 3 der richtige ist.

Eine Geburtstags-überraschung für den LI-LA-LAUNEBÄR und Metty!

Versuche, den Bären so naturgetreu wie möglich nachzumalen. Die Kästchen und das obere Muster helfen dir dabei. Wenn du es gut geschafft hast, male auf ein weißes Blatt den LI-LA-LAUNEBÄREN so, wie du ihn hier siehst oder wie du ihn am liebsten magst. Das wird sicher der Allerschönste!

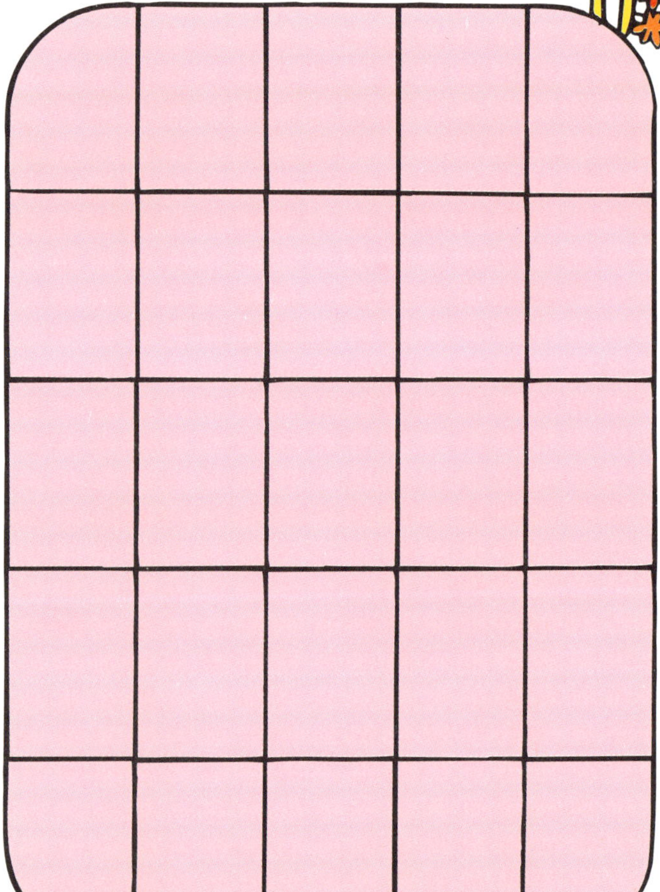

Metty's Münchhausen-Geschichten

"Erzählst du mir eine Geschichte, Metty?"
"Welche Geschichte möchtest du denn hören, Launebär?"
"Eine von deinen Münchhausen-Geschichten. Du flunkerst dabei ein bißchen, fast so wie der sagenumwobene Baron Münchhausen, der angeblich auf einer Kanonenkugel durch die Luft ritt und sich an den eigenen Haaren aus einem Sumpf zog."
"Und du versuchst, mir auf die Schliche zu kommen."
"O ja, Metty."
"Und unsere Freunde versuchen ebenfalls zu erraten, an welcher Stelle ich nicht die Wahrheit sage. Ein Tip: In dieser Geschichte erlebst du, Launebär, Abenteuerliches in der Welt des Films. Zum Schluß sollst du - und unsere Leser natürlich - mir die richtigen Filmtitel nennen!"
"Mach ich, Metty! Sag mal, gibt es diese Filme wirklich?"
"Natürlich! Diese spannenden Filme könnt ihr im Kino und auf Video sehen, und sicherlich irgendwann auch im Fernsehen."
"Super, Metty, aber jetzt freue ich mich auf deine Münchhausen-Geschichte..."

An einem regnerischen Tag in Hollywood: Quietschend öffnet sich das Tor zu einem Produktionsstudio. Klatschnaß tappst ein vom Regen genervter Launebär ins Studio - und erschreckt sich erst einmal ganz fürchterlich. Denn er kommt sich so klein vor. Alle möglichen Haushaltsgeräte, Möbel und so weiter haben in diesem Studio riesige Ausmaße. In einem "Kuchen" mit Weltrekord-Ausmaßen, der innen mit Tonnen von Puderzucker oder etwas ähnlichem gefüllt ist, paddelt ein kleiner Junge und schreit dabei, als würde die Welt untergehen. Das kann Launebär nicht mitansehen, und so klettert er auf ein Gerüst, um einen von den vielen dort oben arbeitenden Filmleuten zu fragen, was hier eigentlich gespielt wird.

"Wir drehen einen Film", kriegt Launebär zu hören.

Das hatte er sich beinahe schon gedacht - schließlich befindet er sich in einem Filmstudio, und schließlich backt niemand aus Jux und Tollerei einen so riesigen Kuchen und läßt dann auch noch einen kleinen Jungen fast darin verschwinden.

"Der Film heißt 'Schatz, ich kann zaubern'!" belehrt ihn ein Mann mit einer Mütze auf dem Kopf. Darauf steht "Director", was so viel bedeutet wie Regisseur.

Na, denkt Launebär, der muß es ja wissen. Und zwischen riesigen Stühlen, Gabeln und Toastern läuft er schnell ins nächste Studio. Dort ist eigentlich gar nichts los. Viele Männer und Frauen sitzen dort an Zeichentischen und skizzieren und zeichnen Figuren.

Launebär ist sofort klar: Hier wird ebenfalls ein Film gedreht. Aber keiner mit echten Personen, sondern ein Zeichentrickfilm. Auf einem Schreibtisch liegt ein Drehbuch, und Launebär beginnt darin zu blättern...

"An einem regnerischen Tag in New York City", steht da. Und weiter: "Die Menschen sind noch hektischer und nervöser als gewöhnlich und eilen unachtsam an einem Karton mit der Aufschrift 'Kätzchen suchen ein neues Zuhause' vorbei. Jeder scheint das klägliche Miauen, das aus dem Pappkarton kommt, zu überhören. Irgendwann greift dann aber doch eine gütige Hand in den Karton, und bald darauf wird ein durchweichtes Kätzchen nach dem anderen herausgezogen. Nach einer Weile und nach einigen erhitzten Debatten haben alle ein neues Herrchen oder Frauchen gefunden.

Alle?

Nein, ein kleines gelbes Kätzchen konnte sich einfach nicht gegen seine Geschwister durchsetzen und wurde immer wieder von den anderen in die Ecke gedrängt. Die Leute laufen wieder achtlos vorbei, und wieder scheint niemand mehr Interesse am Inhalt des Kartons zu haben.

Aber unser Kätzchen gibt nicht auf. Da es Hunger hat, springt es mit einem gewaltigen Satz aus dem Karton. Wenig später macht das Kätzchen die Bekanntschaft mit dem Straßenköter Dodger. Der beschließt, sich ein wenig um das Waisenkind zu kümmern und ihm zu zeigen, wie man in einer so großen, katzenfeindlichen Stadt überlebt. Dodgers Unterricht beginnt mit einer Lektion im Stibitzen von Würstchen. Als Opfer sucht sich Dodger den Hot Dog-Verkäufer Louie aus. Das Kätzchen kapiert schnell, denn es lenkt den Straßenverkäufer so geschickt ab, daß Dodger nur noch die Würstchen zu schnappen und wegzurennen braucht.

Unser Kätzchen kann es kaum noch abwarten, sich über die Würstchen herzumachen. Aber mit den Worten 'Hiermit ist unsere Partnerschaft beendet!' verabschiedet

"Liebling, ich habe die Kinder geschrumpft": Backwerk wird für die verzauberten Kinder zum unüberwindlichen Hindernis

sich der hinterhältige Kläffer und läßt das verdutzte Kätzchen stehen, ohne ihm auch nur einen Zipfel Wurst zu überlassen.

Kurze Zeit später erreicht Dodger die düstere Hafengegend, wo er im Bauch einer alten, klapprigen Barkasse verschwindet. Sie gehört dem alten Gauner Fagin. Fagins Bande ist ein bunt zusammengewürfelter Haufen verschiedener Hunderassen: Rita, die Afghanin, Einstein, die Dänische Dogge, Francis, die Bulldogge, und Tito, der Chihuahua. Gerade als die Gang sich wieder einmal darüber streitet, wer für das Mittagessen zu sorgen hat, landet eine fette Würstchenkette direkt vor ihren Pfoten.

'Hot Dogs à la Dodger', tönt der diebische Straßenköter und genießt seinen großen Auftritt vor den anderen Hunden. Sie hören ihm gebannt zu, als er erklärt, auf welch abenteuerliche Weise er an diese Beute kam. Gegen furchterregende Monster mit riesigen scharfen Zähnen habe er kämpfen müssen, um das Abendessen für alle zu verteidigen.

Plötzlich bricht mit einem lauten Krachen ein Teil des Daches ein, und etwas landet mitten zwischen den Hunden. Ein Monster! Panikartig suchen sich die Hunde ein Versteck.

'Beruhigt euch', hört man kurz darauf Ritas Stimme. Sie ist als erste mutig aus ihrem Unterschlupf gekrochen. 'Es ist nur eine Katze.'

Das kleine 'Monster' erklärt, wie es den Weg zur

Barkasse gefunden und wie sich der Würstchenraub wirklich zugetragen hat. Daraufhin wird Dodger von allen Hunden ausgelacht.

Auf einmal ist es wieder mucksmäuschenstill. Fagin, der kleine Gauner mit dem Herz für Tiere, kommt mit einem Topf Hundekuchen auf sein Boot zurück und wird von seinen vierbeinigen Lieblingen freudig begrüßt. Aber Fagin kann sich gar nicht so recht über den Empfang freuen, denn: 'Bald kommt Sykes.'

Bei dem Namen verstummen alle. Sykes ist der größte und gefürchtetste Gauner der Stadt. Fagin schuldet ihm eine Menge Geld. Die Hunde präsentieren Fagin stolz ihre Beute: eine leere Brieftasche, einen alten Tennisschläger und... ein Kätzchen. 'Alles wertloses Zeug', stöhnt Fagin, 'oder sollen wir Sykes etwa mit einer Miezekatze bezahlen?'

In diesem Augenblick betreten zwei dunkle Gestalten die Barkasse. Roscoe und Desoto, Sykes gemeine Dobermänner, bestellen Fagin zu ihrem Herrn, der draußen in seiner schwarzen Limousine wartet. Während Fagin von Sykes noch drei Tage Zahlungsaufschub gewährt bekommt, fangen Desoto und Roscoe auf der Barke Stunk an.

Desoto entdeckt das Kätzchen. Seine Augen leuchten, als er sich dem Kätzchen nähert. 'Kätzchen habe ich zum Fressen gern', verkündet er und schnalzt dabei mit der Zunge.

Aber da zerkratzt ihm das Kätzchen die Nase. Jaulend und zornbebend jagt Desoto die kleine Katze, aber

"Oliver + Co.": Diese Kätzchen hoffen verzweifelt auf ein neues Zuhause

Dodger stellt sich ihm in den Weg. Glücklicherweise ruft Sykes seine beiden aufgebrachten Hunde zu sich. Sie folgen ihrem Herrn, schwören jedoch zum Abschied: 'Das nächste Mal bekommen wir dich, Dodger, und dein kleines Kätzchen dazu.'

Fagin und seine Hunde sind vom Mut des Kätzchens so beeindruckt, daß sie es zum Mitglied ihrer Bande machen. Zunächst einmal muß das Geld für Sykes herbeigeschafft werden. Eine schwarze Limousine kommt da gerade recht. Während die anderen Hunde den Chauffeur ablenken, springen das Kätzchen und Tito in den Wagen. Der Chihuahua macht sich sofort über das Autoradio her, löst dabei aber die Alarmanlage aus - und flieht. Das Kätzchen gerät ebenfalls in Panik und verfängt sich dabei in den Kabeln des Autoradios. Jenny, ein kleines Mädchen, das auf dem Rücksitz des Wagens sitzt, befreit das Kätzchen. Dann nimmt sie es mit in ihr schönes Heim und gibt ihm den Namen Rüdiger.

Die einzige, die den neuen Hausbewohner am liebsten gleich wieder loswerden möchte, ist Georgette, die verwöhnte Pudeldame der Familie und der ehemalige Star einer jeden Hundeschau. Sie ist deshalb über das unverhoffte Erscheinen von Fagins Hunden, die Rüdiger 'befreien' wollen, kein bißchen erstaunt. Hocherfreut führt Georgette die Bande in Rüdigers Zimmer, und ehe der sich wehren kann, wird er entführt.

Auf der Barkasse sind alle erstaunt, daß sich Rüdiger überhaupt nicht über seine geglückte Entführung freuen kann. 'Geh doch wieder zurück, wenn wir dir nicht fein genug sind', bellt Dodger ihn an. Aber Fagin hat schon eine andere Idee: Als er Rüdigers Steuermarke sieht, fällt ihm ein, er könnte ja versuchen, von den neuen Besitzern ein Lösegeld zu fordern.

Bei einem Treffen zwischen Fagin und Jenny bietet das Mädchen dem Gauner ihr Sparschwein an. Fagin hat einen Erwachsenen erwartet - und kein Kind. Er hat plötzlich ein so schlechtes Gewissen, daß er Rüdiger freigibt. In diesem Moment erscheint Sykes Limousine. Der Verbrecher schnappt sich Jenny und rast mit ihr davon.

Sofort nimmt Fagins Bande die Verfolgung auf und gelangt zu Sykes Hauptquartier, wo sie vor verschlossenen Türen stehen. Mit einem akrobatischen Trick gelingt es Dodger, Rüdiger in das Innere des Gebäudes zu befördern, so daß dieser die anderen Mitglieder der Tierbande hereinlassen kann. Danach haben sie alle Pfoten voll zu tun, um Sykes und seine Dobermänner abzulenken und mit Jenny auf Fagins Motorroller zu fliehen.

Die wilde Jagd endet in einem U-Bahntunnel. Die Verbrecher und die Tierbande stehen sich gegenüber, und eine Schlägerei liegt in der Luft. Ein heranrasender Zug spielt Schicksal: Er zerschmettert Sykes Limousine und sorgt für ein riesiges Tohuwabohu.

Fagins Bande und auch Jenny und Georgette sind wohlauf. Aber wo ist Rüdiger? Nach einer Weile taucht Dodger mit dem bewußtlosen Kätzchen auf.

'Der arme Rüdiger', schluchzt Jenny. Aber da bewegt sich die kleine Katze schon wieder und miaut leise. Rüdiger ist unverletzt geblieben - und schon bald wieder putzmunter. Jenny feiert ein großes Fest mit all ihren neuen Freunden und einer Menge Eiscreme, Sahnetorte und Hundekuchen. Rüdiger ist sehr glücklich, denn er hat endlich ein richtiges Zuhause gefunden."

Launebär überlegt, woher er diese Geschichte kennt. Und dann fällt's ihm ein: Die Story könnte dem Buch "Oliver Twist", geschrieben von dem berühmten Charles Dickens, entnommen sein.

"In der fertigen Fassung heißen Rüdiger und Co. anders", erklärt ihm ein Zeichner.

Launebär nimmt eine Zeichnung zur Hand, die nicht zu dieser Story zu passen scheint. Mit dieser Vermutung liegt er sogar richtig, wie ihm ein anderer Zeichner erklärt: "Das ist eine Szene aus 'Otto in Angst' - oder so ähnlich. Ich habe die Zeichnung als kleine Erinnerung an die 'Dreharbeiten' mitgenommen. In dem Film muß der sprechende Hase Otto ganz schön clever sein und alle möglichen gefährlichen Situationen meistern. Einmal findet er sich zum Beispiel auf einem OP-Tisch wieder. Dabei fühlt er sich kerngesund..."

"Sag mal, zeichnet ihr hier am laufenden Band für Zeichentrickfilme?" möchte Launebär wissen.

"Das ist mein Job", erklärt ihm der Zeichner. "Hier hab' ich ein weiteres Drehbuch. 'Henriette, das Meermädchen' - oder so ähnlich. Lies es dir doch einmal durch."

Und Launebär liest:

"Eric, Erbprinz eines großen Königreiches, feiert auf einem Schiff der königlichen Flotte seinen achtzehnten Geburtstag. Die Mannschaft trotzt der stürmischen See und singt fröhlich das Lied von Triton, dem Herrn der Meere, und seinem Reich auf dem Meeresboden. Gebannt lauscht Eric den spannenden Geschichten, die sein Adjutant, Sir Grimsby, als Seemannsgarn belächelt.

"Oliver + Co.": Aus der anfänglichen Feindschaft zwischen Dodger und Oliver wird eine tolle Freundschaft

Seemannsgarn?

Auch auf dem Meeresboden wird gefeiert. Prinzessin Henriette, die jüngste und schönste von König Tritons Töchtern, soll in einem Galakonzert ihr Debüt als Schlagersängerin geben. Und Taschenkrebs Sebastian, ein Zauberer der Unterwassermusik, dirigiert höchstpersönlich ein Orchester. Zunächst erscheinen Aquata, Andrina, Arista, Attina, Adella und Alana, die Schwestern von Henriette, und gruppieren sich um eine große Muschel, die sich zu den Klängen einer großen Fanfare öffnet. Doch zum Entsetzen aller Anwesenden ist die Muschel leer.

Henriette, die ihren großen Auftritt ganz vergessen hat, spielt derweil mit ihrem besten Freund, dem Fisch Fabius, in einem versunkenen Schiff. Fasziniert stöbern beide in den Schätzen im Bauch des Schiffes.

Da tauchen Haifische auf!

In letzter Sekunde können sie sich vor den gefährlichen Raubtieren an die Wasseroberfläche retten. Dort treffen sie Scuttle, die Seemöwe. Henriette hat Hochachtung vor Scuttle, weil die Möwe ihren Schnabel überall hineinsteckt und deshalb alles über die Menschenwelt zu wissen scheint. Souverän beantwortet Scuttle jede von Henriettes Fragen, obwohl es dabei manchmal zu Mißverständnissen kommt, so daß leicht einmal aus einer Gabel ein Kamm und aus einer Tabakspfeife ein Musikinstrument wird. Als das Wort "Musik" fällt, wird Henriette leichenblaß, weil sie ihr Konzert total vergessen hat. Wie ein Pfeil schießt sie durchs Wasser zum Schloß ihres Vaters. Dabei merkt das schöne Meermädchen nicht, daß es von dessen Schwester, der bösen Seehexe Ursula, beobachtet wird. Ursula ist außer sich, weil das Meervolk wieder einmal ohne sie feiert. Aus Rache will sie König Triton vom Thron stürzen und selbst die Macht im Reich der Meere übernehmen.

Als Henriette nach Hause kommt, liest ihr Vater ihr erst einmal die Leviten. Besonders ärgert ihn Henriettes Begeisterung für die Menschenwelt. Denn in ihr sieht er eine Gefahr für das Meervolk. Von nun an solle Henriette gefälligst die Regeln ihres Vaters beachten und nicht mehr an die Meeresoberfläche schwimmen, befiehlt der König der Meere. Um kein Risiko einzugehen, ernennt Triton Sebastian zum Aufpasser für seine Tochter, wovon der Krebs überhaupt nicht begeistert ist. Er hat allerdings nicht viel Zeit zum Lamentieren, denn schon hat sich das Meermädchen wieder aus dem Staub gemacht.

Henriettes Ziel ist eine große, dunkle Grotte, in der sie allerlei Dinge aus versunkenen Schiffen aufbewahrt. Als Sebastian auftaucht, um sie zur Rede zu stellen, gleitet ein großer Schatten an der Wasseroberfläche entlang. Ohne Sebastian weitere Erklärungen zu geben, schießt sie wie ein Pfeil nach oben, wo von Prinz Erics Schiff ein grandioses Feuerwerk abgebrannt wird. Henriette jedoch hat nur Augen für den jungen, gutaussehenden Prinzen...

Gerade als Sir Gimsby dem Prinzen zu Ehren eine lebensgroße Statue enthüllen läßt, bricht ein Sturm los. Alle können in die Rettungsboote flüchten, nur Eric wird beim Versuch, seinen treuen Hund Max zu retten, über Bord gespült. Henriette gelingt es, den Prinzen zu retten und ihn an Land zu bringen, wo sie den Bewußtlosen im Arm hält und ihm ein Lied singt.

Es dauert nicht lange, bis Gimsby und die anderen Schiffbrüchigen an Land auftauchen. Schnell versteckt sich Henriette hinter einem Felsen. Schon kurz darauf erwacht der Prinz und erzählt dem staunenden, sprachlosen Gimsby, ein Mädchen mit einer wunderschönen Stimme habe ihn gerettet.

Verliebt schaut Henriette ihrem Prinzen hinterher, als der sich mit seinen Begleitern auf den Weg zum Schloß macht. Was würde sie dafür geben, ihn einmal kennenzulernen! In ihre Träume versunken, merkt Henriette gar nicht, daß sie von Ursula beobachtet wird. Die Schwester des Meereskönigs hat schon einen teuflischen Plan ausgeheckt...

Henriettes Schwestern kommen zuerst dahinter, und auch dem Vater bleibt es nicht lange verborgen: Henriette ist bis über beide Ohren verliebt. Endlich ist ein Schwiegersohn in Sicht, der seiner Tochter den Unsinn, immerzu mit den Menschen Freundschaft schließen zu wollen, austreibt - so hofft der König der Meere. Als er jedoch erfährt, wer der Angebetete seiner Jüngsten ist, gerät er außer sich vor Wut und zerstört die Statue von Prinz Eric und all die schönen Dinge aus Henriettes Sammlung.

Weinend sitzt das Meermädchen dann vor den Überresten ihrer Schätze, als sie plötzlich von den beiden Aalen Plotsam und Jetsam umkreist wird. Nur ihre Tante Ursula könne ihr nun noch helfen, flüstern die Aale. Und zum großen Entsetzen von Sebastian und Fabius geht Henriette wirklich auf dieses hinterhältige Angebot ein. Sie ist arglos. Sie will keine Chance ungenutzt lassen.

Schon bald gelangen sie in den dunkelsten und unheimlichsten Teil der Unterwasserwelt. Mit gespielter Freundlichkeit nähert sich Ursula dem verliebten Meermädchen und erklärt ihm: Die einzige Möglichkeit, ihren Prinzen doch noch zu bekommen, ist, selbst ein Mensch zu werden. Ob sie das denn bewerkstelligen könne, fragt Henriette erstaunt. Und Ursula erklärt ihren Plan: Ein Zauberspruch, der drei Tage auf magische Weise wirkt, soll Henriette in einen Menschen verwandeln. Sollte der Prinz sie jedoch innerhalb dieser drei Tage nicht wenigstens einmal geküßt haben, erfährt Henriette, wird sie sich wieder in ein Meermädchen verwandeln und von da an Ursula gehören. Als Bezahlung verlangt die Seehexe Henriettes Stimme. Das Meermädchen erschauert. Was soll sie nur ohne ihre Stimme anfangen? Andererseits ist dies ihre einzige Chance, ein Mensch zu werden. Und so bleibt ihr nichts anderes übrig, als auf den Handel mit der Hexe einzugehen.

Schon braut Ursula einen Zaubertrank, murmelt ein paar magische Sprüche, und Henriettes Stimme geht unter tosendem Donner in den Besitz der Seehexe über.

Prinz Eric sitzt derweil an Land und denkt an das Mädchen, das ihn aus höchster Seenot gerettet hat und von dem er nur die wunderschöne Stimme kennt. Da entdeckt er die verwandelte Henriette am Strand. Im ersten Moment glaubt er, seine Retterin gefunden zu haben, aber als er nach dem Namen des schönen Meermädchens fragt, bleibt sie stumm. Wild gestikulierend versucht sie anscheinend, ihm etwas zu erklären. Schließlich bricht sie in Tränen aus. Beruhigend legt der Prinz seinen Arm um Henriette und führt sie zu seinem Schloß.

In Erics Reich fühlt sich Henriette sofort wohl. Von allen Schloßbewohnern wird sie herzlich aufgenommen. Besonders Grimsby ist von dem Mädchen sehr angetan. Und oft denkt er: 'Dieses Meermädchen wäre die ideale Ehefrau für den Prinzen. Aber der hat ja nur das geheimnisvolle Mädchen mit der unnachahmlich melodischen Stimme im Kopf.'

Auch Sebastian hat den weiten Weg zum Schloß angetreten - schließlich muß er ja auf seinen Schützling aufpassen. Aber zunächst einmal muß er sich selbst in acht nehmen, denn beinahe landet er im Kochtopf von Chefkoch Louis.

"Roger in Nöten": Wie kann Roger Rabbit ihnen klarmachen, daß er gar nicht krank ist...?

Sebastian, der den Handel und den Geheimvertrag zwischen Henriette und der bösen Seehexe belauscht hat, denkt sich einen Trick aus, wie er den schüchternen Prinzen dazu bewegen kann, Henriette zu küssen. Nur so verliert der Zauberspruch seine Wirkung. Sebastian setzt seinen Plan sogleich in die Tat um: Während einer Bootsfahrt, die Henriette und der Prinz unternehmen, trommelt die gewitzte Krabbe eine Band aus Enten, Schildkröten, Grillen, Flamingos und anderen Tieren zusammen, die dem Prinzen ins Ohr flöten, daß er das Mädchen doch endlich küssen solle. Doch als Eric drauf und dran ist, es wirklich zu tun, bringen Ursulas Aale Plotsam und Jetsam das kleine Boot zum Kentern.

"Arielle, die Meerjungfrau": Tief unten auf dem Meeresboden lebt das schöne Meermädchen Arielle

Am nächsten Morgen wird Henriette mit einer Hiobsbotschaft geweckt: Prinz Eric hat seine Retterin mit der bezaubernden Stimme gefunden und will sie vom Fleck weg heiraten! Da entdeckt Scuttle, die Möwe, daß Ursula hinter der Maske der angeblichen Retterin Erics steckt und ihre eigene, schrille und unsympathische Stimme gegen die von Henriette eingetauscht hat. Sofort werden alle Freunde alarmiert, um die bevorstehende Hochzeit des Prinzen zu vereiteln.

Gerade als die feierliche Zeremonie auf einem Schiff der königlichen Flotte begonnen hat, stürzt eine Vogelschar vom Himmel und attackiert die verkleidete Seehexe. Henriette kann in diesem Augenblick unbemerkt an Bord gehen. Und als beim Gefecht zwischen Scuttle und Ursula

"Arielle, die Meerjungfrau": Die verliebte Meeresbewohnerin verzichtete auf ihre Stimme, um ein Mensch zu werden

die Muschel mit der Stimme des Meermädchens zusammenbricht, schwebt diese zu ihrer eigentlichen Besitzerin zurück. Endlich kann Henriette wieder sprechen, und Eric erkennt seine wirkliche Retterin wieder.

Aber Ursula gibt nicht auf. Sie nimmt wieder ihre frühere Gestalt an und zieht Henriette mit sich in die Tiefe, wo sie sich zwangsläufig in ein Meermädchen zurückverwandelt.

Auf dem Meeresboden stehen sich dann die beiden ungleichen Geschwister Triton und Ursula gegenüber. Zwischen ihnen wird die Entscheidung fallen. Die Seehexe verwandelt Henriette in eine Schlingpflanze, denn sie weiß, daß Triton seine Tochter niemals im Stich lassen würde. Und die Seehexe ahnt: Dies ist ihre letzte Chance, Triton den Thron des Königs der Meere streitig zu machen. Die Seehexe erpreßt ihren Bruder, und dieser muß einen Vertrag unterzeichnen. Nun ist er in Ursulas Gewalt. Sie verwandelt ihn in eine verlorene Seele; Henriette erhält wieder die Gestalt eines Meermädchens.

Endlich ist die böse Hexe am Ziel ihrer Träume!

Doch Hilfe naht. Gerade als sie sich die Königskrone aufsetzen will, wird sie von einer Harpune getroffen. Eric ist gekommen, um Henriette zu retten! Ein erbitterter Zweikampf zwischen dem Prinzen und Ursula entbrennt. In die Enge getrieben, weiß die Hexe kein anderes Mittel mehr, als sich in ein riesiges Seemonster zu verwandeln. Mutig steuert Eric sein Schiff auf das Ungetüm zu und beendet den Spuk. Sogleich werden König Triton und alle anderen verlorenen Seelen von dem Fluch der Seehexe befreit.

Nun hat auch der König ein Einsehen und erfüllt Henriette den größten Traum, für immer ein Mensch zu werden..."

Launebär muß erst einmal ein Taschentuch zur Hand nehmen und sich die Nase schneuzen, so ergriffen ist er. Als er das Drehbuch wieder an seinen Platz zurücklegen möchte, zuckt er zusammen: Auf einem Plakat erblickt er eine Monster-Familie. Alle haben riesige Augen und wirken irgendwie verbissen... wie kleine Monster, findet Launebär.

"Ach, das sind die Schmidtmanns - oder so ähnlich", belehrt ihn ein Zeichner. "Die sehen vielleicht ein bißchen verbiestert aus, aber als Zeichentrick-Serie waren sie der Hit! Genau wie dieser Streifen..." Bei diesen Worten deutet der Zeichner auf ein weiteres Filmplakat. "'Auf dem Launebär-Planeten' oder so ähnlich hieß der Film", erfährt Launebär. "Lange vor unserer Zeitrechnung bestand ein kleiner Saurier mit seinen Freunden die tollsten Abenteuer im Saurier-Land", erzählt der Zeichner. Und er rät Launebär: "Wenn du Lust hast, bei Dreharbeiten mit echten Schauspielern dabeizusein, mußt du ins Studio nebenan gehen. Da drehen sie im Moment 'Mettys 1001 Münchhausen-Geschichten' oder so ähnlich."

Launebär befolgt den Rat, betritt ein riesiges Filmstudio - und ist plötzlich in einer Phantasiewelt, in der ein kleiner Junge mit einem Drachen spielt und wo es die sonderbarsten Höhlen und Wesen gibt.

"Kann mir bitte jemand erklären, was hier gespielt wird?" fragt er.

Und das Scriptgirl, das bei den Aufnahmen ständig Notizen machen muß, ergreift Launebärs Pfote, führt ihn durch diese Zauberwelt und erklärt ihm: "Bastians Vater Barney ist enttäuscht, weil sein Sohn bei Ausscheidungswettkämpfen für das Schwimmteam seiner Meinung nach versagt hat. Was Barney nicht weiß: Als Bastian vom Turm springen und zu einem kühnen Salto ansetzen wollte, verwandelte sich das Wasserbassin vor seinen Augen plötzlich in einen tosenden Wasserfall. Wen wundert es, daß Bastian nicht mehr sprang, sondern ängstlich die Sprossen der Leiter hinab kletterte.

Beschämt und gedemütigt kehrt Bastian nach Hause

"Die Simpsons": Bei ihnen ist immer etwas los...

zurück. Sein Vater, mit dem er seit dem frühen Tod der Mutter alleine lebt, tröstet ihn nicht. Er zieht es vor, sich mit seiner neuen Freundin zu treffen. So schließt sich Bastian enttäuscht in seinem Zimmer ein und flüchtet sich in seine Phantasien.

Geborgen fühlt er sich in dem verstaubten und geheimnisvollen Buchladen des freundlichen Herrn Koreander. Bastian fragt nach Ratgebern, die ihm helfen könnten, mutiger zu werden. Während Koreander im hinteren Teil des verwinkelten Ladens nach Büchern sucht, hört Bastian, wie jemand seinen Namen ruft. Die Stimme der Kindlichen Kaiserin dringt aus einem dicken Buch, das vor Bastian liegt. Auf dem Buchdeckel schimmert ein Emblem: zwei sich ineinanderschlingende Schlangen. Bastian kennt dieses Buch. Es ist 'Mettys 1001 Münchhausen-Geschichten'.

Inzwischen ist Koreander wieder nach vorne gekommen. Er warnt Bastian davor, sich mit diesem Buch zu beschäftigen. Doch Bastian ist längst nicht mehr zu halten. Kurzentschlossen greift er das Buch 'Mettys 1001 Münchhausen-Geschichten' und läuft davon.

In seinem Zimmer scheinen ihn die beiden Schlangen des Buch-Emblems zu hypnotisieren. Sie erwachen zum Leben! Wieder hört Bastian aus dem Buch die Stimme der Kindlichen Kaiserin, die ihn um Hilfe bittet: Phantásien schwebt in großer Gefahr.

Wie magisch angezogen taucht Bastian in 'Mettys 1001 Münchhausen-Geschichten' ein - und findet sich in einer fernen, geheimnisvollen Welt wieder. Mit einem Silberboot setzt er über einen schimmernden See. Hinter Nebelschleiern taucht die Silberstadt auf.

Weit weg von Bastian, am anderen Ende Phantásiens, erhebt sich bedrohlich und wie eine übergroße menschliche Hand ein düsteres Schloß. Hier herrscht Xayide. Bastians unverhofftes Auftauchen in Phantásien beunruhigt sie. Und was Bastian noch nicht einmal ahnt: Mit dem Emblem des Buches, mit dem Amulett Auryn, besitzt er eine mächtige magische Waffe, die Xayide fürchtet. Sie ist die Herrscherin über die große Leere, die Phantásien bedroht und allmählich zerstört. In ihren Diensten stehen gefährliche Giganten, die die Silberstadt und ihre Bewohner immer wieder heimsuchen. Als Helfer stehen der schönen und verführerischen Xayide der Vogel Nimbly und das Dreigesicht zur Seite.

"Die unendliche Geschichte II": Bastians Freund ist der Glücksdrache Fuchur

Nimbly ist es auch, der im Auftrag Xayides und noch vor Bastians Ankunft in der Silberstadt als Spion auftaucht. Er macht Bastian mit der geheimnisvollen Wirkung von Auryn vertraut. Mit Auryn kann sich Bastian jeden

Wunsch erfüllen. Was Nimbly listig verschweigt, ist die Tatsache, daß mit jedem Wunsch, den Bastian äußert, eine seiner kostbaren Erinnerungen unwiederbringlich verlorengeht.

Diesen teuflischen Plan hat sich Xayides ausgedacht: Nimbly soll Bastian zu möglichst vielen Wünschen verführen, damit Bastians Kopf sich von Gedanken und Erinnerungen leert und er hilflos wird. Kommt es soweit, kann er den Bewohnern Phantásiens nicht mehr zur Seite stehen. Das Dreigesicht hat dazu eine Maschine ersonnen, in der sich Bastians Gedanken einfangen lassen.

Kaum ist Bastian in der Silberstadt angelangt, greifen

"In einem Land vor unserer Zeit" bestehen diese Saurier spannende Abenteuer

auch schon Xayides Giganten an. Bastian flüchtet sich auf ein Schiff. Dort machen ihm der Lavamann, die Windsbraut und die Schlammwarzen die Gefahr, in der sich Phantásien befindet, deutlich: Die Kindliche Kaiserin wird von Xayide in einem Elfenbeinturm gefangen gehalten. Sie muß befreit werden, sonst geht Phantásien unter - und mit ihm die Geschichten, Phantasien und Träume, die die Menschen am Leben erhalten.

Bastian findet in der Silberstadt viele alte Freunde wieder - vor allem Atreju und Fuchur, den fliegenden Glücksdrachen. Doch es bleibt wenig Zeit. Wieder bedrohen die Giganten das friedliebende Volk von Phantásien. Bastian wünscht sich - ohne allerdings über die Folgen nachzudenken - einen furchterregenden, feuerspeienden Drachen. Sein Wunsch geht auf der Stelle in Erfüllung, und es beginnt eine wilde Verfolgungsjagd durch die Lüfte. Smerg, der Böse Drache, ist Fuchur, auf dem Bastian reitet, hart auf den Fersen. Atreju folgt hoch zu Pferde.

Aus der Luft erblickt Bastian seinen alten Gefährten, den Felsenbeißer. Dem geht es überhaupt nicht gut. Zwar kann er Bastian mit seinem Baby, Felsenbeißer Junior, überraschen, doch das Paar steht kurz vor dem Hungertod. Die große Leere hat selbst die ehernen Felsen hohl und leer werden lassen, die Felsenbeißern sonst so vorzüglich schmecken.

Vor Xayides Schloß treffen sich Atreju und Bastian wieder. Sie dringen in das Schloß, das von den gefährlichen Giganten bewacht wird, ein.

Inzwischen hat in der realen Welt Bastians Vater das Verschwinden seines Sohnes bemerkt. Das Buch 'Mettys 1001 Münchhausen-Geschichten' führt ihn zu Koreanders Buchladen. Der macht nur rätselhafte Andeutungen über Bastians Verbleib. Barney, Bastians Vater, geht wieder nach Hause und beginnt dort seinerseits, 'Mettys 1001 Münchhausen-Geschichten' zu lesen. Schnell bemerkt er, daß er und Bastian jetzt in diesem Buch vorkommen. Er erkennt, was Bastian unternehmen muß und feuert seinen Sohn durch seine Gedanken an.

"Die unendliche Geschichte II": In einem Buchladen entdeckt Bastian das magische Buch

Derweil spitzt sich das Drama in Xayides Schloß zu. Bastian und Atreju müssen mit List und Mut einige der schrecklichen Giganten bezwingen, um selbst mit dem Leben davonzukommen. Auch die Begegnung mit Xayide verläuft anders, als Bastian befürchtet hatte. Xayide zeigt sich von ihrer charmanten, schmeichlerischen Seite. Sie gibt vor, Bastian zur Kindlichen Kaiserin führen zu wollen.

Atreju bleibt mißtrauisch, doch Bastian geht Xayide auf den Leim. Er reist mit ihr in einem luxuriösen Xobile. Atreju merkt, wohin die Reise führt, nämlich nirgendwohin. Xayide führt Bastian immer im Kreis herum. Atreju will Bastian warnen, doch der hat inzwischen zu viele Erinnerungen verloren und glaubt, ausgerechnet Atreju habe sich gegen ihn verschworen. Die beiden einst unzertrennlichen Freunde kämpfen sogar gegeneinander.

Barney weiß, daß sein Sohn Bastian in größter Gefahr schwebt. Die große Leere breitet sich immer weiter aus und droht, den Elfenbeinturm mit der Kindlichen Kaiserin darin zu verschlingen. Sogar Nimbly, der sich allmählich vom Spion Xayides zum heimlichen Bewunderer Bastians wandelt, erkennt: Bastian vergißt sich und seinen Auftrag. Er ist in großer Gefahr, nicht mehr in die reale Welt und zu seinem Vater Barney zurückkehren zu können.

"Launebär kennt inzwischen 1001 Märchen aus aller Welt - aber am liebsten hört er eine neue Münchhausen-Geschichte..."

Inzwischen haben Xayides Sendboten der Leere die Silberstadt verwüstet. Atreju liegt bewußtlos in den Trümmern. Selbst Fuchur, der Glücksdrache, scheint resigniert zu haben. Xayide taucht mit Bastian auf. Sie möchte ihren größten Triumph genießen...

Da gelingt es Bastian mit einem letzten Wunsch, sein Schicksal und das seiner Freunde zu wenden: 'Mettys 1001 Münchhausen-Geschichten' siegt über die alles vernichtende Leere. Die Kindliche Kaiserin wird aus ihrem Elfenbeingefängnis befreit und kann nun über das neu entstandene Phantásien und seine Träume regieren. Durch seinen neugewonnenen Mut findet Bastian zurück in unsere Welt, und Barney kann seinen Sohn wohlbehalten in seine Arme schließen..."

Launebär hat Hunger auf ein Honigbrot. Also bedankt er sich bei dem Scriptgirl, verläßt das Studio und steuert die Kantine an. Hier grübelt er bei einem Honigbrot lange, wie diese Filme denn nun wirklich heißen...

Lösungen:
Schatz, ich kann zaubern: Liebling, ich habe die Kinder geschrumpft (Warner Brothers)
Rüdiger + Co.: Oliver + Co (Warner Brothers)
Otto in Angst: Roger in Nöten (Warner Brothers)
Henriette, das Meermädchen: Arielle, die Meerjungfrau (Walt Disney Company)
Die Schmidtmanns: Die Simpsons (CBS/Fox)
Auf dem Launebär-Planeten: In einem Land vor unserer Zeit (Universal)
Mettys 1001 Münchhausen-Geschichten: Die unendliche Geschichte II (Warner Brothers)

LI-LA-LAUNEBÄR's Lieblingsgeschichten

"So, so, Launebär, du möchtest das Märchen vom Frosch Quaxi und seinem Freund Emil noch einmal hören? Dann sperr' deine Ohren jetzt ganz weit auf..."

"Metty, mach doch mal die Schublade auf und sieh nach, was da drin ist!"
"Welche Schublade?"
"Na die von unserem Krimskrams-Schrank!"
"Na schön, wenn du meinst! - Hey, Launebär, sieh mal, was ich gefunden habe!"
"O, Metty! Das sind doch die Geschichten, die du mir früher immer vorgelesen hast, als ich noch ein kleiner Launebär war und abends nie ins Bett wollte!"
"Stimmt. Und was machen wir jetzt damit?"
"Du, Metty, lies sie mir doch noch einmal vor. Und am besten auch gleich allen unseren Freunden..."
"Na schön, Launebär, du hast mich mal wieder überredet..."

Iwanok und Karlemann

Iwanok war verdammt reich. Er besaß nicht nur ein großes Stück Land, das er an Bauern verpachtet hatte, nein, auch einen mächtigen Wald mit ungezählten Bäumen nannte er sein eigen. Am stolzesten aber war Iwanok auf seinen kostbarsten Besitz: eine Kiste voller Goldstücke. Und für alle diese Reichtümer hatte er nicht etwa hart arbeiten müssen, nein, sie waren ihm einfach so zugefallen: das Land hatte seine Frau geerbt, den Wald hatte er von seinem Vater bekommen, und das Gold hatte er gefunden. Es war in seinem Wald vergraben gewesen.

"Man muß eben ein Glückspilz sein!" dachte Iwanok. Er arbeitete den ganzen Tag über nichts. Seine anstrengendste Beschäftigung war das Essen und Trinken. Und er aß und trank nicht wenig...

Seine Frau Tulla war gar nicht so unvernünftig. Ihr war es überhaupt nicht recht, daß Iwanok den ganzen Tag im Haus herumlungerte und auch noch Geld dabei verdiente, weil er sein Land ja gegen Bezahlung an die Bauern der Umgebung verpachtet hatte. Tulla lag Iwanok dauernd in den Ohren, weil er so stinkfaul war. Immer wieder sagte sie: "Wenn du doch mal was tun würdest! Ist es denn anständig, die anderen sich abrackern zu lassen, während du hier den lieben Gott einen guten Mann sein läßt? Wenn du doch nur mal was tun würdest!"

Eines Tages hatte der Faulpelz Iwanok die Nase von dem Gerede seiner Frau gestrichen voll. Bis obenhin. "Ich soll mal was tun? Kann sie haben!" dachte er. Und er ging mit seiner Axt in seinen Wald, um dort ohne Plan und Ziel Bäume abzuholzen. Nur so. Aus Übermut. Wenn ihr nun aber denkt, das Holz habe er seinen Pächtern überlassen, dann irrt ihr gewaltig. Nicht ein einziges Scheit gab er her. Er verbot lauthals, daß die gefällten Stämme abtransportiert würden. Wer's dennoch täte, käme ins Gefängnis. Dafür würde er, Iwanok, der reiche Iwanok, schon sorgen!

Als er so auf unsinnige Weise schon ein ganz ansehnliches Stück Land kahlgeschlagen hatte, geschah es an einem sonnigen Morgen, daß plötzlich ein ziemlich winziges Kerlchen vor Iwanok stand. Buchstäblich wie aus dem Boden gewachsen stand es da.

Der Kleine verbeugte sich höflich und stellte sich leise vor: "Ich bin Karlemann, Abgesandter der Karlemänner, die unter deinem Wald leben. Wir sind ein friedliebendes Volk, und wir hausen hier schon seit ewigen Zeiten. Wir haben auch bisher keinen Grund gesehen, uns bemerkbar zu machen. Aber was du hier veranstaltest, Iwanok, das haut ja wohl einen Elefanten in die Pfanne!"

Iwanok stand wie angewurzelt da und ließ vor ungläubigem Staunen den Unterkiefer immer tiefer herunterklappen. Der kleine Chef der Karlemänner dachte nicht im Traum daran, sich unterbrechen zu lassen. Er sprach leise - aber sehr bestimmt. Und komischerweise: So lachhaft die Situation für den bärenstarken Iwanok auch zu sein schien - Iwanok war gar nicht zum Lachen zumute. Karlemann schloß mit einem ganz eindeutigen Befehl: "Höre, Iwanok. Wir waren hier, lange bevor du kamst. Immer ging es friedlich zu. Aber du schindest die Bauern, schlägst aus purem Übermut Bäume und verbietest dann auch noch, daß deine Pächter das vergeudete Holz im Winter verfeuern. Ganz schön starker Tobak, das! Ich, Karlemann, gebe dir drei Tage Zeit. In dieser Zeit sollst du erstens den Bauern erlauben, das Holz abzufahren - ohne einen Taler dafür zu verlangen, versteht sich. Zweitens: Für jeden geschlagenen Baum wirst du einen neuen Baumschößling setzen. Klar? Ich rate dir, zu tun, was ich dir gesagt habe. Sonst wirst du dich noch wundern."

Iwanok schluckte, wollte lospoltern - aber da war der kleine Kerl schon wieder verschwunden. Wie vom Erdboden gefegt.

Holla, da hättet ihr Iwanok mal erleben sollen! "Nicht mit mir!" brüllte er, daß die übriggebliebenen Bäume zitterten. "Nicht mit mir! Eine Frechheit, mir zu drohen!" Und er legte erst richtig los. In den kommenden drei Tagen legte er vom frühen Morgen bis zur hereinbrechenden Nacht Stamm um Stamm seines schönen Waldes um. Und wehe, es hätte einer ein Ästchen wegtragen wollen. "Nicht mit mir!" brüllte Iwanok immerzu.

Am vierten Morgen wurde Iwanok wach, ging wie immer zuerst zu seiner Kiste voller Goldstücke, weil er beim Anblick seines Reichtums erst so richtig Appetit aufs Frühstück kriegte. Doch starr vor Schreck glotzte er... in eine leere Kiste!

Kein einziges Goldstück war mehr da. Nur ein kleiner Zettel, auf dem in zierlicher Schrift stand: "Du hast ja nicht hören wollen. Ich hatte dich doch gewarnt. Willst du das Gold zurück, komm gegen Mittag dorthin, wo neulich noch schönster Wald war, wo du aber jetzt alles abgeholzt hast. Da wirst du mehr erfahren."

Unterschrift: Karlemann.

Iwanok kochte vor Wut. Aber er war schlau genug, nicht ein zweites Mal stur zu sein. Er ging zur genannten Zeit in den Wald, von dem jedoch nur wenig übriggeblieben war, und fand auch tatsächlich Karlemann vor. Der ließ sich erst gar nicht auf irgendwelche Diskussionen ein, sondern gab leise und höflich seine Bedingungen bekannt: "Erstens: Du wirst den Bauern das geschlagene Holz überlassen. Zweitens: Du wirst für jeden gefällten Baum einen neuen pflanzen."

"Und das Gold? Mein Gold?" jammerte Iwanok.

"Langsam", sagte Karlemann. "Das Gold hast du hier im Wald gefunden. Es ist unser Schatz. Aber wir machen uns nicht viel daraus. Deshalb haben wir es dir bisher auch gern überlassen. Jetzt aber soll das anders werden. Verdiene dir dein Gold doch redlich, wie es andere Leute auch tun müssen! Für jeden gepflanzten Baum kannst du dir ein Goldstück abholen. Wenn du tüchtig arbeitest, wird dir der Schatz bald wieder gehören. Und dann für immer, so wahr ich Karlemann heiße."

Und wieder war der kleine Kerl verschwunden.

Iwanok ließ endlich das Toben und begann zu denken. "So schlecht ist der Vorschlag des Minimannes eigentlich gar nicht", dachte er und machte sich an die Arbeit.

Könnt ihr euch vorstellen, wie die Bauern jubelten, als sie plötzlich umsonst so viel Holz bekamen, wie sie nur nach Hause schaffen konnten? Und könnt ihr euch den großen Iwanok vorstellen, wie er tagsüber neue Bäumchen pflanzte und abends von Karlemann seinen Lohn in Goldstücken auf die Hand gezählt bekam?

Am glücklichsten war Tulla, Iwanoks Frau. Sie fand, daß sie doch einen herzensguten Mann habe, der den Pächtern gutes Brennholz kostenlos überließ und der sein Gold jetzt redlich verdiente.

Von der leeren Kiste und von dem Abkommen zwischen Iwanok und Karlemann erfuhr sie nichts. Das hatte Karlemann Iwanok versprochen...

Die Legende vom Frosch Quaxi und seinem Freund Emil

Frösche klettern für ihr Leben gern. Das ist eine Tatsache. Quaxi ist ein kleiner Frosch, der besonders gern klettert, denn er ist besonders neugierig. Und das ist ja wohl eine Binsenweisheit: von hohen Bäumen aus sieht man mehr von der Welt als unten im Teich. Oder?

Aber auch bei Bäumen ist man nie vor Überraschungen sicher. Davon kann Quaxi ein Lied singen..

Eines Tages... fragt mich nicht, ob es ein Freitag oder ein Samstag war... eines Tages also hatte sich Quaxi mal wieder einen Baum ausgesucht. "Nix wie rauf und in der Sonne herumlungern", dachte er sich.

Aber da war er an einen höchst seltsamen Baum geraten: keine Blätter, keine Zweige, keine Äste, nichts! Ein verrückter Baum! Quaxi kletterte an der Rinde in die Höhe, aber die fühlte sich gar nicht wie Rinde an. Dummer Baum! Nicht mal eine Krone hatte er. Nur Haare halt.

Ein Baum mit Haaren!

Da konnte doch etwas nicht stimmen. Und da - o Schreck - bewegte sich der Baum von der Stelle. Quaxi, der frechste aller Frösche, klammerte sich an dem sonderbaren Baum fest und merkte, als er den ersten Schock überwunden hatte, daß dieser Baum zwei Arme hatte, Kopf und Haare. Er begriff, daß dieser Baum kein Baum, sondern ein kleiner Junge war. Und er, Quaxi, saß oben auf dem Kopf, in den Haaren des Jungen. So verdutzt hat noch kein Frosch der Welt ausgesehen.

Der kleine Junge, dem die Haare, der Kopf, die Arme und die Beine gehörten, hieß Emil. Zuerst wollte er sich biegen vor Lachen, als Quaxi anfing, an ihm hochzuklettern. Immerhin ist es ein ganz schön kribbeliges Gefühl, wenn dir ein Frosch mit feuchten Fingern und Zehen quer übers Gesicht tappst. Als Quaxi sattelfest auf Emils Kopf saß, machte sich Emil auf den Weg nach Hause. Quaxi ging mit, er saß ja in den Haaren.

Dann waren sie zu Hause, in Emils Zimmer. Quaxi verstand die Welt nicht mehr. Emil griff vorsichtig auf seinen Kopf und pflückte den verdutzten Frosch aus seinen Haaren. Emil setzte den Frosch auf seine Schulhefte und guckte sich den neuen Kameraden erst einmal lange an. Und Quaxi sah Emil an. Immerhin war er ihm im Augenblick ausgeliefert. Doofe Situation.

Im Märchen können Tiere sprechen. Aber auch im Märchen wundern sich kleine Jungen darüber, wenn ein Frosch plötzlich laut und vernehmlich nicht nur "Quaak!", sondern "He, du!" sagt. "Da hab' ich mir ja ein ganz besonderes Exemplar eingehandelt", dachte Emil. "Wird wohl so eine verwunschene Prinzessin sein, die nur erlöst werden will. Und ich soll sie womöglich hernach heiraten. Nix für mich! Wo ich Mädchen doch gar nicht ausstehen kann." Und: "Nix wie weg", sagte sich Emil, "bevor der Frosch sagt: 'Gib mir schon einen Kuß!'"

Aber der Frosch sagte etwas ganz anders: "He, du, ich heiße Quaxi, und es paßt mir ganz und gar nicht, daß du mich hierher verschleppt hast. Hörst du? Bring mich sofort zurück zu meinem Teich. Ich wollte nur auf einen Baum klettern und die Sonne auf meinen grünen Bauch scheinen lassen. Aber du bist mir ein schöner Baum, läufst einfach weg! Wie heißt du eigentlich?"

"Emil!" antwortete Emil. Ihm gefiel der vorlaute Frosch, und der Junge beschloß: "Morgen nehme ich dich mit zur Schule."

Emils Vater hatte in einem Schuppen hinter dem Haus ein uraltes Auto stehen. Abgemeldet zwar, aber es fuhr noch. Würde es euch auf der Straße begegnen, bekämt ihr wahrscheinlich einen Lachkrampf, so ulkig sah das Ding aus. Den Lack hatte man immer gerade mit der Farbe ausgebessert, die zur Hand war. So kam es, daß die alte Kiste schließlich eher einem bunten Osterei glich als einem Auto. Eines Tages fragte Emil, Quaxi auf dem Kopf, seinen Vater, ob er er an dem Oldtimer ein paar Veränderungen vornehmen dürfe.

"Warum nicht?" entgegnete der Vater.

Emil ging zum Glaser und kaufte ein paar Glasscheiben. Mit den Glasscheiben unterm Arm zog Emil zum Schreiner - Quaxi immer noch auf dem Kopf. Der kam aus dem Staunen nicht mehr heraus. Auch ihm hatte Emil nicht verraten, was er denn nun eigentlich vorhatte. "Ich brauche ein paar Leisten und Kitt", sagte Emil zum Schreiner. Und wieder zeigte Emil mit den Händen, wie lang er sich die Leisten vorstellte.

"Aha", meinte der Schreiner, "und warum, bitte sehr?"

"Laß das mal meine Sorge sein, du wirst staunen", erwiderte Emil.

Auf dem Heimweg, Emil hatte Quaxi auf dem Kopf, die Glasscheiben unter dem Arm, die Leisten unter dem anderen und den Kitt ganz klebrig in der Hosentasche, auf dem Heimweg also wollte Quaxi doch auch zu gern wissen, was Emil denn nun wirklich vorhatte. Er zog seinen Freund mittelfest an den Haaren und begann vorsichtig: "Mir wirst du ja wohl verraten können, was das werden soll. Erst die Erlaubnis von Vater, das alte Auto umbauen zu dürfen, dann der Kram vom Glaser und vom Schreiner, sei nicht so, spuck's aus."

"Laß das mal meine Sorge sein, du wirst staunen." Peng - da hatte Quaxi sein Fett. Auch er kriegte die gleiche Antwort wie alle anderen. Aber dann sagte Emil noch etwas: "Du wirst ganz besonders staunen, paß nur auf."

Quaxi wollte vor Neugier platzen, aber er besann sich schnell, denn Platzen ist das Schlimmste, was einem Frosch passieren kann. Und deshalb besann er sich eben.

Zuhause machte sich Emil gleich an die Arbeit. Er fuhr das alte Auto in den Hof hinter dem Haus, besorgte sich Vaters Werkzeug, montierte, schwitzte, baute, schwitzte, konstruierte, schwitzte - und war schließlich fertig.

Was war es geworden? Die Glasscheiben hatte Emil mit den Leisten und mit dem Kitt zu einer Art Aquarium zusammengesetzt. Das Aquarium hatte er in dem alten Auto äußerst geschickt vor dem Rückfenster befestigt. Quaxi ahnte den Zweck und begann, breit und glücklich zu grinsen. Emil sprach immer noch kein Wort. Er rannte geschäftig hin und her, sammelte ein paar schöne Steine ein, legte sie behutsam auf den Boden des Aquariums, so daß kleine Steininseln aus dem Wasser schauten, das er zuletzt hinein goß. Nun mußte Emil keine Angst mehr haben, daß Quaxi einmal zu lange auf dem Trockenen weilte und austrocknete.

"Fertig", sagte Emil, und er setzte seinen kleinen grünen Freund in das Auto-Aquarium. "Wollen wir eine Runde drehen?"

"Klar, mach schon", rief Quaxi aus seinem Glaspalast hinten im Auto. Und schon fuhren die Freunde im alten Auto, das sich auch darüber zu freuen schien, denn es lachte - wenn man die Auspuffknallerei so nennen darf.

Schnell sprach es sich herum, daß Emil einen Frosch im Spezialauto spazieren fuhr, und nachmittags kamen sie alle, um Emils Froschtaxi zu sehen.

Wenn Emil morgens in der Schule saß, hielt es Quaxi nicht

im Haus. Die Frosch-Neugier zog ihn in die Stadt, wo es so unwahrscheinlich viel zu gucken gab. Einmal bezog Quaxi einen idealen Aussichtsturm: einen Briefkasten. Bei dem Versuch, einer alten Dame dabei zu helfen, einen Brief einzuwerfen, geschah es dann: Quaxi verlor das Gleichgewicht und landete im Inneren des Briefkastens.

Gefangen!

"Das hat man nun von seiner Gutmütigkeit, ist doch wahr!" knurrte Quaxi leise vor sich hin und schaute sich dann um. Es war dämmerduster und stinklangweilig. Zu allem Überfluß ging oben auch noch dauernd die Klappe auf, Briefe kamen hereingesaust und landeten mit ihren spitzen Kanten ziemlich unsanft auf Quaxis Kopf. Das wurden dem schlauen Frosch schnell zuviel. Er baute sich aus den eingeworfenen Briefen ein Haus, wie man sonst Kartenhäuser baut, schlief ein und erwachte unsanft, als ein Postbeamter den Kasten leerte. Das ging so plötzlich, daß Quaxi sich nicht bemerkbar machen konnte. Mit all den Briefen landete er in einem finsteren Postsack, wurde herumgefahren, herumgeworfen und schließlich auf einen Briefsortiertisch ausgeschüttet. Endlich Luft, Licht und ein menschliches Gesicht. Letzteres gehörte dem Briefsortierer.

Aber, Schreck laß nach: Der Briefsortiertisch stand nicht im heimatlichen Postamt, sondern in einem fahrenden Postabteil der Eisenbahn. Weil Quaxi nur Emils Vornamen kannte und dem freundlichen Postbeamten weder Straße, Hausnummer noch Wohnort nennen konnte, wurde Quaxi nach der Ankunft in Hamburg dem Vorsteher des Hauptpostamtes übergeben. Der tat etwas sehr Vernünftiges. Landauf, landab ließ er eine Anzeigen in allen Zeitungen veröffentlichen: "Quaxi sucht Emil. Bitte telefonisch melden auf dem Hauptpostamt Hamburg." Und selbst der Rundfunk fand sich bereit, in einem so außergewöhnlichen Fall die Meldung durchzugeben. Inzwischen saß Quaxi auf dem Schreibtisch des Postamtsvorstehers und fing ihm zum Dank alle Mücken der Amtsstube restlos weg. Darin war Quaxi Meister.

Emil erfuhr auf diese Weise von der Weltreise seines grünen Freundes. Sofort rief er in Hamburg an, gab Wohnort, Straße und Hausnummer und seinen Familiennamen an - und sprach auch am Telefon gleich ein paar Worte mit seinem Freund Quaxi. Sofort ging der ungewöhnlichste Brief seit Erfindung der Post auf die Reise: Quaxi kriegte eine Briefmarke auf den Froschbauch geklebt, die Adresse mußte er sich einprägen, und auf ging's! Nach einer langen Rückreise landete er wohlbehalten bei seinem Freund Emil - und der Postamtsvorsteher in Hamburg vermißte ihn sogar, den kleinen, frechen Frosch. Denn wer würde in Zukunft die vielen Mücken in seinen Amtsstuben fangen?

Anderntags patschte Quaxi zurück zu seinem Teich. Er lag in der Sonne, hörte das Schilf wie Papier rascheln und suchte sich eine nette Mücke aus, nach der er gleich springen würde.

Er kam nicht dazu. Es gab Lärm. Geschrei. Gelächter. Dabei handelte es sich nur um eine Schulklasse, die einen Tagesausflug machte. Quaxi betrachtete sich den Zauber aus seinem Versteck im Schilfwald sehr genau. So'n Geschrei um so ein bißchen Teich! Das konnte Quaxi nicht verstehen. Aber er wußte ja auch nicht, daß viele Kinder in sehr hohen Betonhäusern wohnen und kaum einmal einen Teich sehen.

Quaxi wurde erst wütend, als einer der Bengels den Vorschlag machte, Frösche zu fangen. "Die zappeln so schön!" meinte der freche Junge überflüssigerweise. Quaxi fand das überhaupt nicht komisch! Quaxi war nur zu gespannt, was denen noch einfallen würde. Denn daß sie keinen Frosch zwischen die Finger kriegen sollten, dafür würde er schon sorgen, so wahr er Quaxi hieß.

Die Kinder suchten, aber als sie nach einer Viertelstunde noch immer keinen Grashüpfer gesichtet hatten, gaben sie auf. Claudia hatte den rettenden Einfall: Wenn man schon mal hier an dem Teich sei, könne man doch wenigstens mit den Füßen ins Wasser, oder?

Claudia saß auch schon am Ufer und schnürte ihre Wanderschuhe auf. Wie es genau passierte - das weiß keiner mehr so genau, ist ja eigentlich auch ziemlich unwichtig. Jedenfalls schwamm Claudias rechter Schuh plötzlich wie ein kleines Boot auf den Teich hinaus. Er war so geschickt ins Wasser gefallen, daß kein Tropfen ins Innere gelangt war.

"Da schwimmt er gut", sagte der Lehrer. Mehr fiel ihm im Augenblick auch nicht ein.

Claudia stellte sich an und jammerte, daß man es im ganzen Wald hörte: "Mein Schuh! Mein schöner Schuh!" Dabei war er gar nicht so schön, ehrlich nicht. Aber wenn man was verliert, dann meint man nachher immer, es sei das Wertvollste der Welt gewesen.

Quaxi saß immer noch unbeweglich im Schilfdickicht - und sah sich den Zauber am Ufer an. "Frösche wollen die fangen, aber um einen lächerlichen Schuh machen sie so'n Hokuspokus", quakte er brummelig vor sich hin. Schließlich gab sich Quaxi innerlich einen Stoß, landete mit einem gezielten Sprung zielsicher genau im langsam dahintreibenden Schuh, ließ die Froscharme lässig links und rechts aus dem Schuhboot baumeln und begann, mit gelangweiltem Gesichtsausdruck zu paddeln. Der Schuh steuerte mit seinem Froschkapitän schnurstracks aufs Ufer zu. Dort waren die Schüler so überrascht, daß sie kein Wort mehr herausbrachten - was den Vorteil hatte, daß es endlich mal still war am See.

Quaxi landete den Schuh vor Claudias Füßen an, stieg majestätisch aus und konnte es sich nicht verkneifen, in die Stille hinein zu fragen: "Hat hier noch immer jemand Lust darauf, Frösche zu fangen?"

Dann verschaffte er sich einen starken Abgang, indem er einen gekonnten Hechtsprung mit eingebauter doppelter Schraube in den Teich machte, untertauchte und erst wieder im Schilf zum Vorschein kam, wo ihn die Kinder aber nicht mehr sehen konnten.

"Denen habe ich's aber gegeben!" sagte Quaxi zu sich selbst - und hörte ungemein zufrieden, wie die Kinder staunten und staunten und mit neuem Respekt vor Fröschen den Heimweg antraten. Quaxi wandte sich wieder einer fetten Fliege zu. Er fühlte sich rundum großartig...

Hättet ihr's gewußt?

Der Laune-Speicher ist vollgestopft mit Büchern und Karten, Souvenirs und Erinnerungen an LI-LA-LAUNEBÄRS und meine Reisen. Wenn LI-LA-LAUNEBÄR und ich die Kulissen für eine neue Sendung aufbauen, entwickelt sich ganz automatisch ein Frage- und Antwort-Spiel. Ich stelle LI-LA-LAUNEBÄR die kniffligsten Fragen aus den verschiedensten Wissensgebieten, und LI-LA-LAUNEBÄR gerät oft ganz schön ins Schwitzen, bis ihm die richtige Lösung einfällt. Hier sind einige meiner Lieblingsfragen (und natürlich LI-LA-LAUNEBÄRS clevere Antworten)...

Übrigens: Wenn LI-LA-LAUNEBÄR mal sprachlos ist, weil ihm ausnahmsweise mal nichts einfällt, ist das auch nicht weiter schlimm. Denn dann lernt er gleich was dazu...

Die Fragen:	**Die Antworten:**
Was ist ein Atoll?	Ein niedriges, ringförmiges Koralleneiland.
Welches sind die gefährlichsten Giftpilze?	Knollenblätterpilze und Fliegenpilze.
Wie ist Torf entstanden?	Durch Vermoderung von Pflanzen im Wasser.
Wo wachsen Bananenstauden?	In Mittelamerika, auf den Kanarischen Inseln, in Südbrasilien, Westindien, Florida, Nord- und Westafrika und Südjapan.
Welches Höchstalter können unsere Bäume erreichen?	Die Eibe bis 3000, die Eiche bis 2000 Jahre. Manche exotischen Bäume (z.B. Mammutbaum) werden noch älter.

Die Fragen:	Die Antworten:
Wie heißen die bekanntesten Laubbäume?	Ahorn, Eiche, Buche, Linde, Birke, Pappel, Weide, Esche.
Welcher Nadelbaum wirft im Winter die Nadeln ab?	Die Lärche.
Kennt ihr die höchsten Bäume der Erde?	Einige Eukalyptusarten Australiens werden bis zu 150 m hoch.
Welche Farben haben die Blüten der Kartoffel?	Weiß oder violett.
Ist der Stamm der Buche rauh oder glatt?	Glatt.
Welche Blume blüht bei uns im Frühling zuerst?	Die Schneerose.
Welche Tiere können Blüten bestäuben?	Bestimmte Insekten, Kolibris, Sonnenvögel, Fledermäuse, Schnecken.

Was zeigt diese Detailaufnahme?
Ein Belüftungsgitter im Armaturenbrett eines Autos

Was ist das - ein Ufo?
Nein. So sieht die Unterseite einer Compact Disc aus

Wie viele Tierarten gibt es derzeit auf Erden?	Etwa eine Million; drei Viertel davon sind Insekten.
Welche Tiere werden “uralt”?	Schildkröten, Elefanten, Wale, Krokodile, Papageien.
Wieviele Tierarten sind nach Schätzungen der Wissenschaftler schon ausgestorben?	Ca. 50 Millionen.
Welche Meerestiere bringen lebende Junge zur Welt?	Wale, Delphine, Seekühe, Robben.
Wie viele Arten von Menschenaffen gibt es?	Drei: Orang-Utan, Schimpanse und Gorilla.
Welches sind die größten lebenden Tiere?	Einige Walfischarten, z. B. Blauwal.

Die Fragen:	Die Antworten:
Wieviele Höcker hat ein Kamel?	Als Lama (Amerika) keinen, als Dromedar (Afrika) einen, als Trampeltier (Asien) zwei.
Wo wird die Sendung LI-LA-LAUNEBÄR aufgezeichnet?	Auf dem Laune-Speicher.
Wie nennt man den Nachwuchs von Reh, Gemse, Ziege?	Kitz.
Wieviele Hörner hat das Nashorn?	Das indische Nashorn hat ein Horn, das afrikanische zwei hintereinanderstehende Hörner.
Welche Säugetiere legen Eier?	Ameisenigel und Schnabeltier.
Welches Tier wechselt bei Gefahr die Farbe?	Das Chamäleon, um sich gegen Feinde zu schützen.
Was ist ein Okapi?	Eine pferdegroße, selten gewordene Giraffenart Zentralafrikas.
Wie nennt man die Augen und Ohren des Rehs?	Lichter und Lauscher.
Was sind Frischlinge?	Wildschweinjunge.
Was ist ein Mustang?	Ein Prärie-Wildpferd.
Wo lebt das Einhorn?	In Sagen und Legenden.
Was ist ein Puma?	Eine Raubkatze.
Wo leben Löwen?	In Afrika und Asien (Iran).
Was ist ein Schakal?	Eine Wildhundart. Schakale leben in Afrika, Indien, Vorderasien und Südrußland.
Welche Farbe hat das Hermelin?	Im Sommer braun, im Winter weiß mit schwarzer Schwanzspitze.
Welches Raubtier frißt gerne Honig?	Der Bär.
Was ist der Ozelot?	Ein kleiner Panther. Ozelots leben in Mexiko und im nördlichen Südamerika.
Was ist ein Frettchen?	Ein zu Jagdzwecken gezähmter Iltis oder Marder.
Wie nennt man männliche Wölfe, Füchse und Hunde?	Rüden.
Was ist ein Panda?	Ein Katzenbär.
Welcher private Fernsehsender präsentiert LI-LA-LAUNEBÄR?	RTL plus.
Was ist ein Koala?	Ein bärenähnliches Beuteltier.
Was ist ein Barsoi?	Ein russischer Windhund.

Wie heißen die Nachkommen der urzeitlichen Riesenechsen?	Kaiman, Alligator, Krokodil.
Wie alt können Pferde und Esel werden?	40 bis 50 Jahre.
Was ist ein Skunk?	Eine amerikanische Dachsart, auch Stinktier genannt.
Wie nennt man die Viehhirten der Prärien?	Cowboys.
Welches ist der größte Vogel?	Der Strauß.
Welcher Bär begegnet LI-LA-LAUNEBÄR in diesem Buch?	Berry.
Wo lebt der Kondor?	In den Anden (Südamerika).
Welchen Vögeln kann man das Sprechen beibringen?	Papagei, Wellensittich und Star.

Kennt ihr dieses berühmte griechische Bauwerk?
Vor rund dreitausend Jahren wurde der Parthenon-Tempel als Teil der Akropolis, der "Stadtburg" von Athen, errichtet

Was zeigt dieser Schnappschuß?
Die Kuppel eines Heißluftballons, von innen fotografiert

Woran erkennt man die Kreuzotter?	An dem schwarzen Zickzackband, das über ihren Rücken läuft.
Was sind Termiten?	Den Schaben verwandte weiße Ameisen.
Bewegen sich die Krabben vor- oder rückwärts?	Seitwärts.
Was ist ein Seepferdchen?	Ein stachliger Meeresbewohner mit Greifschwanz und pferdeähnlichem Kopf.
Wer ist LI-LA-LAUNEBÄRS "geistiger Vater"?	Metty Krings.
Wieviele Zähne hat der erwachsene Mensch?	32 Zähne.
Wieviele Atemzüge macht ein Erwachsener pro Minute?	Sechzehn bis zwanzig.
Wozu dienen die Arterien?	Sie leiten das Blut vom Herzen aus durch den Körper.

Sterne, Sonnen, Galaxien

Aus solchen Spiralnebeln bilden sich im Universum ständig neue Galaxien

"Mach doch mal Licht an, Launebär."
"Nein, Metty, bloß nicht!"
"Wieso denn nicht?
"Ach, Metty, ich sehe so gerne in die Sterne..."
"Und was siehst du da?"
"Sterne! Millionen Sterne. Du, Metty, wo kommen die eigentlich her?"
"Gute Frage, Launebär. Wenn ich die Antwort wüßte, hätte man mir bestimmt schon den Nobelpreis verliehen. Aber ich werd' dir sagen, was die Wissenschaftler vermuten..."

Das Universum dreht sich. Und es dehnt sich aus. Daraus schließen die Sternenforscher (Astronomen und Kosmologen), daß das Universum - also alle Sterne, die wir am Himmel sehen -, in seiner Geburtsstunde ein riesiger kosmischer "Ball" war. Doch vor etwa 18 Milliarden Jahren soll es dann den Urknall gegeben haben, der diesen Riesenstern explodieren ließ. Durch den Urknall entstanden die Galaxien, die wir als Sterne mit bloßen Augen erkennen können, und die Millionen und Abermillionen Sterne, aus denen sich die Galaxien zusammensetzen. Auch Weltraum und die Zeit gibt es erst seit dem Urknall...

Die "Trümmer" des Urknalls fliegen nun seit Jahrmilliarden weiter ins All. Und ein Ende ist nicht

Je weiter die Reste des Ursterns von uns entfernt sind, um so schneller driften sie auseinander. Die Zukunft des Universums, sagen die Sternenforscher, hängt deshalb davon ab, ob die Anziehungskräfte der im Universum vorhandenen Materie ausreichen, um die Ausdehnung zu stoppen. Sollte das der Fall sein, wird sich der Kosmos wieder zusammenziehen, bis die gesamte Sternenmasse wieder einen Urstern formt. Ob es dann zu einem zweiten Urknall kommt oder ob ein sogenanntes Schwarzes Loch entsteht, kann niemand sagen.

Sollte aber das Universum nicht über genügend Masse (und damit ausreichende Anziehungskräfte) verfügen, um die Ausdehnung zu stoppen, werden die Sterne in alle Ewigkeit langsam, aber sicher auseinander driften...

Unsere Galaxis, die Milchstraße, hat die Form eines Diskus, wenn man sie von der Seite betrachtet. Von oben sieht sie aus wie eine Spirale. In rund 200 Millionen Jahren rotiert diese "Scheibe" einmal um die eigene Achse. Ihr Durchmesser beträgt etwa 100.000 Lichtjahre - eine unvorstellbare Strecke, wenn man bedenkt, daß das Licht in einer Sekunde 300.000 Kilometer zurücklegt und trotzdem von einem Ende der Milchstraße zum anderen 100.000 Jahre benötigen würde. Unser Sonnensystem ist vom Zentrum der Milchstraße etwa 31.000 Lichtjahre entfernt.

Der Halleysche Komet flog auf seiner Bahn zuletzt 1986 an der Erde vorbei. Der von der Erde aus sichtbare Schweif eines Kometen kann mehrere hundert Millionen Kilometer lang sein

Das Zentrum unserer Milchstraße bilden dichte Wolken von Materie. Die Wissenschaftler gehen davon aus, daß hier noch immer neue Sterne gebildet werden. Messungen ergaben, daß im Zentrum der Milchstraße auch die Sternendichte am größten ist. In einem Gebiet, das einen Durchmesser von nur wenigen Parsec (1 Parsec = 3,26 Lichtjahre) hat, befinden sich Millionen von Sonnen. Je weiter wir uns den Randgebieten unserer Galaxis nähern, um so weniger Material für die Bildung neuer Sonnen finden wir vor. Hier treffen wir vor allem ältere Sterne an, die vermutlich schon kurz nach der "Geburt" der Milchstraße entstanden.

Unser Sonnensystem weist, die Erde mitgerechnet, neun bekannte Planeten auf. Astronomische Erkenntnisse (Störungen der Uranus- und Neptunbahn) deuten auf einen zehnten Planeten (Transpluto) hin, dessen Vorhandensein bisher jedoch nicht zweifelsfrei nachgewiesen werden konnte.

Merkur

Der sonnennächste Planet ist relativ "klein"; sein Äquatordurchmesser beträgt 4.840 km. In 46 bis 70 Millionen Kilometer Entfernung kreist er in 87,97 Tagen einmal um die Sonne. Früher nahm man an, daß er der Sonne stets dieselbe Seite zuwendet. Doch als man die von der amerikanischen Raumsonde Mariner 10 (1974/75) gesammelten Daten auswertete, zeigte sich, daß der Merkur innerhalb von 58,68 Tagen einmal um die eigene Achse rotiert. Drei Merkur-Tage sind also zwei Merkur-Jahre. Die Oberfläche ist von Kratern übersät. Es gibt eine kaum meßbare Atmosphäre, die aus verschiedenen Edelgasen besteht.

Sonnenflecken: An der Oberfläche der Sonne kommt es zu Explosionen, durch die glühendes Gestein tausende von Kilometer ins All geschleudert wird

Venus

Mit einem Äquatordurchmesser von 12.112 Kilometern ist die Venus annähernd so groß wie die Erde. Sie umläuft die Sonne in einer beinahe kreisförmigen Bahn in einem durchschnittlichen Abstand von 108,2 Millionen Kilometern und benötigt für einen Umlauf 225 Tage. In 243,1 Tagen dreht sie sich einmal um die eigene Achse. Der "Tag" ist also auf der Venus länger als das "Jahr". Der auf der Venus herrschende Druck (die Schwerkraft) ist etwa 95mal so stark wie auf der Erde; die Atmosphäre setzt sich aus Kohlendioxid (96 %), Stickstoff (3,5 %),

Sauerstoff und verschiedenen Edelgasen zusammen. An der Oberfläche herrscht eine Temperatur von 460 Grad Celsius.

Erde

Die Erde hat einen Durchmesser von 12.742 Kilometern. Ihre durchschnittliche Entfernung von der Sonne beträgt 149,6 Millionen Kilometer. Doch zur Erde später mehr...

Mars

6.800 Kilometer beträgt der Äquatordurchmesser des Mars. Für einen Umlauf um die Sonne benötigt er 687 Tage. Seine Bahn verläuft in ca. 227,9 Kilometern Entfernung von der Sonne. In 24 Stunden, 37 Minuten und 23 Sekunden rotiert er einmal um die eigene Achse. Amerikanische und sowjetische Raumsonden, die auf dem Mars landeten, haben uns mit exakten Informationen versorgt:

Eine Sonnenfinsternis: Der Mond steht zwischen Erde und Sonne und verdunkelt unser Zentralgestirn

Die Atmosphäre besteht zu 95 % aus Kohlendioxid und zu 2,5 % aus Stickstoff, sowie aus Argon und anderen Edelgasen, Sauerstoff und Wasserdampf. Tagsüber herrschen auf der Marsoberfläche Temperaturen von 16 - 24 Grad Celsius, nachts kühlt es auf -80° C ab. Nord- und Südpol sind von gefrorenem Wasser und Kohlendioxid überzogen. Dort herrschen Temperaturen von bis zu -130° C.

Man nimmt heute an, daß der Mars vor Millionen von Jahren über eine wesentlich dichtere Atmosphäre und größere Wasservorkommen verfügte. Darauf deuten Anzeichen von Verwitterung an seinen Felsstrukturen und mehrere tausend Kilometer lange, canonförmige Schluchten (Marskanäle) hin. Letztere könnten durch Flußläufe entstanden sein. Nicht erfüllt wurde die Erwartung vieler Wissenschaftler, auf dem Mars zumindest Spuren primitiver Lebensformen vorzufinden. Dennoch ist die Frage, ob es auf diesem Planeten einmal Leben gab, nicht völlig geklärt.

Zwischen dem Mars und den äußeren Planeten dehnt sich der Asteroidengürtel, eine Ansammlung von etwa 40.000 kleinen und kleinsten Himmelskörpern, die die Sonne umkreisen. Früher glaubten die Sternenforscher, daß diese Asteroiden Überreste eines Planeten seien, der durch eine kosmische Katastrophe zerstört wurde. Heute ist man jedoch eher der Ansicht, daß sie gleichzeitig mit den anderen Planeten in unserem Sonnensystem aus dem Urnebel entstanden.

Jupiter

Der bei weitem größte Planet unsere Sonnensystems hat einen Äquatordurchmesser von 142.800 Kilometern und benötigt 11,86 Erdenjahre für einen Umlauf um die Sonne, von der er etwa fünfmal so weit entfernt ist wie die Erde. In 9 Stunden und 50 Minuten dreht er sich einmal um sich selbst. In den äußeren Schichten besteht der

Noch ungeklärt ist die Herkunft des Großen Roten Flecks in der Atmosphäre des Jupiter

Jupiter nicht aus festem Material, sondern aus gasförmigem Wasserstoff und Helium. Man nimmt an, daß diese Elemente in tieferen Schichten aufgrund des zunehmenden Drucks in flüssiger oder fester Form vorhanden sind. Über der gasförmigen Oberfläche dehnt sich noch eine Atmosphäre von 60 Kilometern Dicke, die aus Wasserstoff und verschiedenen Gasen (darunter auch Kohlendioxid und Wasserdampf) besteht. Die Atmosphäre bildet eine dichte Wolkendecke (bis zu -145° C). Verschiedene unregelmäßig geformte und veränderliche Flecken im Wolkengürtel deuten auf orkanartige Turbulenzen hin. Nicht ganz geklärt ist der Ursprung des sogenannten Großen Roten Flecks in der südlichen tropischen Zone, der eine Ausdehnung von 15.000 mal 40.000 Kilometern hat. Man vermutet aber, daß es sich hier ebenfalls um ein atmosphärisches Phänomen handelt. Die amerikanischen

Raumsonden Voyager 1 und 2 entdeckten 1979, daß auch der Jupiter von einem Ring (siehe Saturn) umgeben ist.

Im Innern des Jupiter laufen Prozesse ab, die bewirken, daß er 2,5mal mehr Wärme abstrahlt, als er von der Sonne empfängt. So werden trotz der großen Entfernung von der Sonne unter der Wolkendecke Temperaturen von 60° C erreicht.

Saturn: An seinen Ringen erkennt man ihn sofort

Saturn

120.800 Kilometer beträgt der Äquatordurchmesser des Saturn. Etwa neunmal so weit von der Sonne entfernt wie die Erde, benötigt er 29,5 Jahre für eine Umdrehung um unser Zentralgestirn Sonne. In 10 Stunden und 39 Minuten dreht sich dieser Gas-Koloß jedoch einmal um seine eigene Achse. Umgeben wird der Saturn von einem System von Ringen, die vermutlich aus Eiskristallen und Staub bestehen.

Uranus, Neptun, Pluto

Der Uranus umkreist die Sonne in einer Entfernung von durchschnittlich 19,18 Astronomischen Einheiten (1 Astronomische Einheit ist die Entfernung der Erde von der Sonne: 149,6 Millionen Kilometer) und hat einen Äquatordurchmesser von 50.800 Kilometern. In 10 Stunden und 59 Minuten rotiert er einmal um die eigene Achse, für einen Sonnenumlauf benötigt er 84,015 Jahre. Mit starken Teleskopen kann man beobachten, daß auch der Uranus von einem Ringsystem umgeben ist.

Der etwas kleinere Neptun (Äquatordurchmesser 49.200 Kilometer) dreht in einer durchschnittlichen Entfernung von 30,06 AE seine Runden um die Sonne. Pro Umkreisung benötigt er 164,79 Erdenjahre, während er sich rasend schnell um die eigenen Achse dreht, nämlich in 15 Stunden und 40 Minuten.

Über den Pluto wissen wir noch wenig. Man schätzt seinen Äquatordurchmesser auf 2.000 bis 3.000 Kilometer. 247,7 Erdenjahre benötigt er für eine Sonnenumkreisung, 6 Tage, 9 Stunden und 17 Minuten für eine Umdrehung um die eigene Achse. Auf dem Pluto, der allem Anschein nach aus gefrorenen Gasen besteht, herrschen Temperaturen von -230° C.

Manche Wissenschaftler nehmen an, daß der Pluto ein "aus der Bahn geworfener" Neptunmond ist. Zusammen mit seinem 1978 entdeckten Trabanten Charon, der ihn in nur 20.000 Kilometer Entfernung umkreist, bildet er eine Art Doppelplanet - wie die Erde und der Mond.

Raumstationen und Weltraum-Experimente

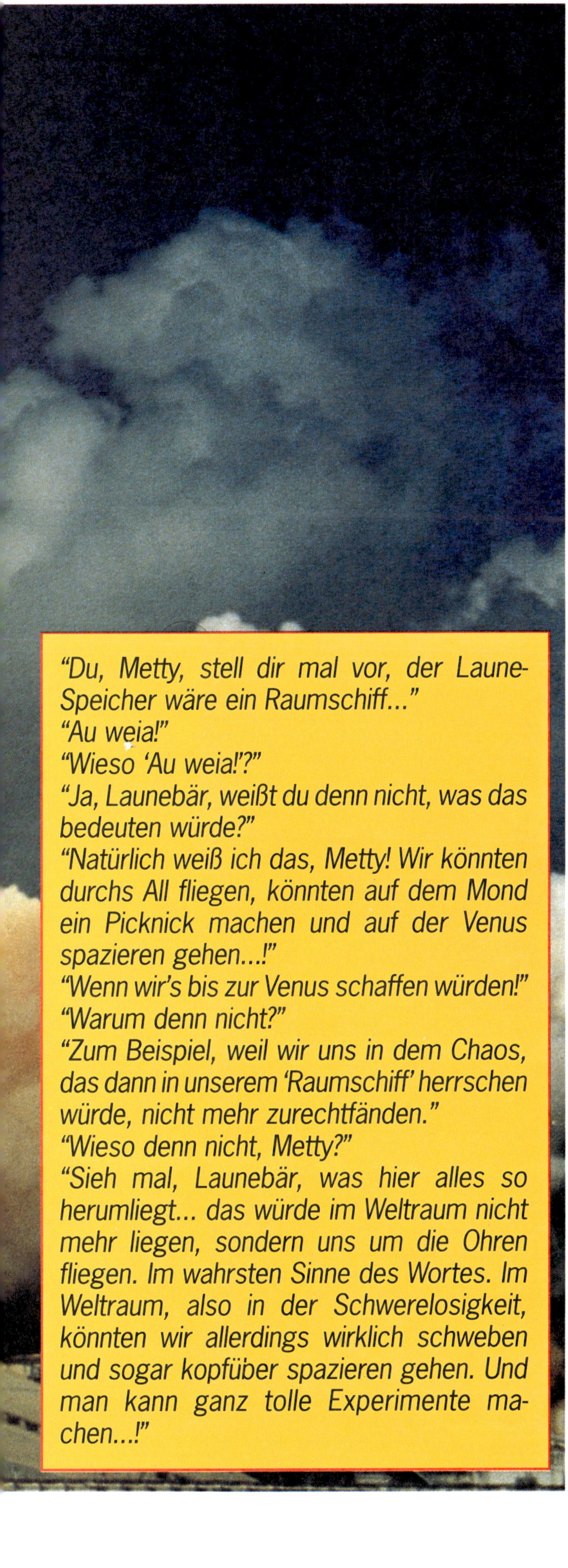

"Du, Metty, stell dir mal vor, der Laune-Speicher wäre ein Raumschiff..."
"Au weia!"
"Wieso 'Au weia!'?"
"Ja, Launebär, weißt du denn nicht, was das bedeuten würde?"
"Natürlich weiß ich das, Metty! Wir könnten durchs All fliegen, könnten auf dem Mond ein Picknick machen und auf der Venus spazieren gehen...!"
"Wenn wir's bis zur Venus schaffen würden!"
"Warum denn nicht?"
"Zum Beispiel, weil wir uns in dem Chaos, das dann in unserem 'Raumschiff' herrschen würde, nicht mehr zurechtfänden."
"Wieso denn nicht, Metty?"
"Sieh mal, Launebär, was hier alles so herumliegt... das würde im Weltraum nicht mehr liegen, sondern uns um die Ohren fliegen. Im wahrsten Sinne des Wortes. Im Weltraum, also in der Schwerelosigkeit, könnten wir allerdings wirklich schweben und sogar kopfüber spazieren gehen. Und man kann ganz tolle Experimente machen...!"

Die Nutzung der Schwerelosigkeit steht im Mittelpunkt der bemannten Raumfahrt. Die Wissenschaftler sprechen allerdings bei den Raumfahrt-Missionen nicht von Schwerelosigkeit, sondern von der Mikrogravitation, weil in einer Raumstation keine absolute Schwerelosigkeit herrscht.

Die Gründe: Durch die vorhandene Restatmosphäre in der erdnahen Umlaufbahn wird das Raumschiff während seines Fluges leicht abgebremst. Bahnkorrekturen werden notwendig. Darüber hinaus verursachen Astronauten und Maschinen an Bord während des Fluges geringe Erschütterungen, und nicht zuletzt werden die Experimente in der Raumstation nicht im Schwerpunkt des Raumfahrzeugs durchgeführt, so daß zusätzliche Kräfte auftreten. All das verhindert die völlige Schwerelosigkeit. Die Abweichungen von der totalen Schwerelosigkeit sind allerdings nur für den Wissenschaftler auf exakten Meßgeräten feststellbar. Die Astronauten an Bord des Raumschiffes bewegen sich trotz dieser Einflüsse in scheinbarer Schwerelosigkeit, das heißt: sie schweben im Innern des Raumlabors.

So wird die Schwerelosigkeit genutzt

Ganz grob lassen sich die Experimente unter Schwerelosigkeit in zwei Guppen einteilen, zum einen in die materialwissenschaftlichen, zum anderen in die lebenswissenschaftlichen Experimente. Zu den materialwissenschaftlichen Experimenten zählt einerseits die Klärung physikalischer Gesetzmäßigkeiten, andererseits die direkte Umsetzung der im Weltraum gewonnenen Erkenntnisse in der Materialforschung, -entwicklung und -herstellung. Hierbei ist es für die Wissenschaftler einerlei, ob zukünftig eine Produktion im Weltraum oder auf der Erde erfolgt.

Die "Spacelab"-Astronauten Reinhard Furrer (vorne) und Bonnie Dunbar bewegen sich schwebend durch ihren Raumgleiter

Von besonderem Interesse ist die Kristallforschung unter Mikrogravitationsbedingungen. Durch die Herstellung und Untersuchung großer Biokristalle, die im Weltraum unter annähernder Schwerelosigkeit gezüchtet werden, ist den Forschern der Zutritt zu wissenschaftlichem Neuland möglich.

Hier stellt sich die Frage: Welchen direkten Einfluß hat die Schwerelosigkeit auf die Materialforschung bzw. auch auf die Herstellung neuer Materialien? Die Antwort ist relativ einfach. Bei fehlender Schwerkraft gibt es in Flüssigkeiten und Gasen keine Gewichtsunterschiede, d.h. leichte Stoffe schwimmen oder treiben nicht nach oben, schwere Körper sinken nicht ab. Bei Erwärmung entsteht daher in Flüssigkeiten oder Gasen keine Ausdehnung (Konvektion), eine Schmelze bleibt im Zustand der Ruhe. Ganz anders ist das auf der Erde, z.B. bei der Herstellung von Kristallen aus einer Schmelze. Unter irdischen Schwerebedingungen tritt innerhalb einer Schmelze ein natürlicher Stofftransport auf, hervorgerufen durch die sogenannte Konvektion. Ein Beispiel: das brodelnde Wasser im Kochtopf. Es veranschaulicht sehr deutlich die bei diesem Prozeß entstehenden Turbulenzen. Aufgrund ähnlicher physikalischer Erscheinungen ist eine ungestörte Kristallbildung unter irdischen Schwerebedingungen nur sehr bedingt möglich. Im Weltraum hoffen die Kristallzüchter auf die Herstellbarkeit idealer Kristalle.

"Ein kleiner Schritt für den Menschen, ein großer Schritt für die Menschheit!" - Mit diesen Worten betrat Neil Armstrong als erster Mensch den Mond

Biologie im Weltraum

Die sogenannten lebenswissenschaftlichen Experimente in der bemannten Raumfahrt befassen sich einerseits mit der Klärung biologischer Fragen, z.B. dem Wachstum von Pflanzen, andererseits mit der Erforschung des menschlichen Organismus im All. In beiden Fällen stellt die Schwerelosigkeit die grundsätzliche Voraussetzung für diese Experimente dar.

Die biologischen Versuche dienen in erster Linie zur Erforschung von Grundlagen, z.B. zur Klärung des Schwerkrafteinflusses auf das Wachstum von Pflanzen. Ungeklärt ist bis heute der Gravitationseinfluß auf die Art und Weise der Zellenentwicklung sowie auf die Art und Weise der Zellteilung und -vermehrung.

Man weiß zwar, daß Pflanzen sich der Schwerkraftrichtung in ihrem Wachstum anpassen, man weiß heute aber noch nicht, woher die Pflanzen diese Informationen erhalten und wie ihr Schwerkraftorgan wirkt. Bekannt ist nur, daß der Schwerkrafteinfluß nicht nur im makroskopischen Bereich wirkt, z.B. durch das Gewicht eines Blattes oder Zweiges, sondern auch im mikroskopischen Bereich, z.B. in den Zellen. Die Erforschung des Schwerkrafteinflusses auf das Pflanzenwachstum war bisher nicht möglich.

Die Erde hat es nie ohne Gravitation gegeben, alles ist unter ihrem Einfluß entstanden. Dieser Einfluß ließ sich aber nicht messen. Und es war kein Schalter vorhanden,

Wenige Stunden nach Erreichen der Erdumlaufbahn wird der Frachtraum geöffnet - und die Arbeit im All beginnt. Im Hintergrund die Erde

Ein Erinnerungsfoto: Auf der Edwards Airforce Base in Kalifornien setzt die Raumfähre "Challenger" zur Landung an. Bei einer weiteren Mission explodierte sie kurz nach dem Start. Sieben Astronauten kamen ums Leben.

um ihn abzuschalten. Will man den Einfluß von Temperatur, Licht oder Umweltbedingungen auf die Pflanzenwelt messen, so muß man auch in der Lage sein, die Einflußgrößen zu verändern, z.B. das Licht ein- und auszuschalten, die Temperatur zu erhöhen oder zu senken. Gleiches gilt für die Erforschung des Schwerkrafteinflusses auf das Pflanzenwachstum. Auch hier muß ein Vergleich zwischen schwer und schwerelos möglich sein.

Das bietet das Labor im Weltraum.

Hier untersuchen die Wissenschaftler Wachstumsvorgänge von Pflanzen.

Unter irdischen Bedingungen spielt sich der Hormontransport in den Pflanzen, also der Wachstumsvorgang, polar ab, das heißt, die Wurzeln orientieren sich hauptsächlich nach einer Richtung. An Samen von Gartenkresse soll deshalb im Weltraum z.B. geklärt werden, ob die Bewegungsrichtung des Wachstums durch Vererbung vorgegeben ist oder ob sie sich erst durch die irdischen Schwerebedingungen ergibt. Darüber hinaus werden Untersuchungen über Zellteilungsgeschwindikgeiten durchgeführt. Aus früheren Raumflügen weiß man, daß im All der Teilungsprozeß von Zellen des menschlichen Abwehrsystems bei den Lymphozyten längst nicht so schnell wie auf der Erde abläuft. Bisher wurden diese Vorversuche allerdings nur im Reagenzglas, "in vitro", durchgeführt. Ob sich "in vivo", also im Organismus, die gleichen Effekte einstellen, ist zu erforschen.

Bei den medizinischen Experimenten stellen sich die Astronauten sozusagen selbst als Versuchskaninchen zur Verfügung. Sie stehen im Mittelpunkt dieser Experimente. Unter dem Einfluß der Schwerelosigkeit verlagern sich bis zu zwei Liter Blut aus den Beinen in den Bauchraum und in den Brustkrob. Der Grund: Das Blut ist "gewichtslos", es sinkt nicht mehr ab. Hierdurch wird nicht nur die Förderleistung des Herzens verändert, sondern auch der Kreislauf. Nur durch exakte Messungen am Herz-Kreislauf-System lassen sich diese Einflüsse entschlüsseln. Während der Weltraummission messen die Astronauten ihren Venendruck und damit den Blutdruck der rechten Herzkammer. Darüber hinaus messen sie über den Wechselstromwiderstand die Blutverteilung im Körper, die ja unter Schwerelosigkeit anders verläuft als auf der Erde.

Mit Hilfe dieser Messungen erhoffen sich die Wissenschaftler genauere Erkenntnisse über den Blutkreislauf. Bisher glaubten die Raumflugmediziner, daß sich die Blutdruckverhältnisse unter Schwerelosigkeit erheblich verändern. Erste Ergebnisse vergangener Weltraummissionen scheinen diese Annahme zu widerlegen: Der Mensch gewöhnt sich ungewöhnlich schnell an die fremden Umgebungsbedingungen im Weltraum. Viel mehr zu schaffen macht ihm die Zeit nach seinem Ausflug ins All: Der Gleichgewichtssinn ist durch das viele Herumschweben in der Raumstation so durcheinander, daß die Astronauten sich nach der Landung kaum auf den Beinen halten können...

Die Entstehung der Erde

"Du, Metty... ist die Erde wirklich eine Kugel?"
"Na klar, Launebär. Was denn sonst?"
"Eine riesige Frisbee-Scheibe vielleicht."
"Nein, mein Lieber, die Erde ist eine Kugel."
"Du meinst, so eine Art Fußball?"
"Richtig, Launebär."
"Neulich hab' ich auf dem Laune-Speicher noch einen Fußball gesehen! Ah, da ist er ja! Du, Metty, wenn die Erde eine Kugel ist..."
"...die sich pro Tag einmal um sich selbst dreht und dabei immer ein Stück vorwärts bewegt, so daß sie nach einem Jahr einmal um die Sonne gekreist ist..."
Du machst mich ganz nervös, Metty! Also, wenn die Erde ein Fußball ist, wieso fallen die Leute dann nicht an der Seite herunter?"
"Die Erdanziehungskraft oder Schwerkraft - sie entsteht durch die Drehung der Erde - sorgt dafür, daß wir nicht wie die Astronauten schwerelos herumschweben können."
"Ah ja. Und sag mal, Metty, wie entsteht eigentlich so ein Fußball... äh, die Erde?"
"Gute Frage, Launebär. Die richtige Antwort wissen nicht einmal die Wissenschaftler. Sie glauben, daß alles so abgelaufen ist, wie ich es dir jetzt erkläre..."

Am Anfang war der kosmische Nebel

Die Geschichte des Planeten Erde beginnt vor mehr als 4.600 Millionen Jahren mit der Geburt des Sonnensystems - unserer "erdverwandten" Familie aus Planeten, Monden, Asteroiden, Staub und Gasen, die sich auf ihren nahezu kreisförmigen Umlaufbahnen um die Sonne bewegen.

Nach der Nebel-Hypothese begann eine riesige, dünne, sich drehende Wolke aus kosmischem Staub und Gas, die durch die Unendlichkeit des Weltraums trieb, sich unter dem Einfluß ihres eigenen Schwerkraftfelds zusammenzuballen. Als die Wolke sich immer mehr verdichtete, stiegen Temperatur und Druck im Zentrum immer weiter an. Unter dem Einfluß von Druck und Hitze verwandelte sich die "Wolke", und ein neuer Stern - die Sonne - begann in der Galaxis zu strahlen.

Etwas außerhalb des Zentrums der rotierenden Scheibe aus Staub und Gas bildeten Anhäufungen von Materie die vier dichten inneren Planeten und weiter entfernt die viel größeren äußeren Planeten Jupiter, Saturn, Uranus, Neptun und Pluto. Die inneren Planeten - Merkur, Venus, Erde und Mars - werden die terrestrischen Planeten genannt.

Die Erde vor 4.600 Millionen Jahren

Das errechnete Alter der Erdkruste (4.550 Million Jahre) stimmt sehr genau mit dem gemessenen Alter der ältesten Steine, die man vom Mond zurückgebracht hat (4.600 Millionen Jahre), und dem der Steinmeteoriten, die den feurigen Durchgang durch die Erdatmosphäre überlebt haben (4.550 Millionen Jahre), überein. Und doch beträgt das größte Alter, das man je in Steinen aus der Erdkruste nachgewiesen hat, nur etwa 3.800 Millionen Jahre.

Als die ursprüngliche Erde durch den Niederschlag von Gasen und die Anhäufung von Staubpartikeln und kleinen, meteoritenähnlichen Körpern anwuchs, begann ihre Temperatur zu steigen. An einem "kritischen Punkt" vor etwa 4.600 Millionen Jahren hatte sich die verdichtete Masse Wolke einer dramatischen Veränderung unterzogen. Durch innere Erwärmung war die Erde zu einer halbflüssigen Masse geschmolzenen Gesteins geworden, die immer noch von einer Atmosphäre aus kosmischem Staub und Gas umgeben war - welche schließlich jedoch vom Sonnenwind weggefegt werden sollte. Innerhalb dieser flüssigen Masse verbanden sich die Elemente, trennten sich und bildeten sich neu; dichte, eisenhaltige Verbindungen konzentrierten sich in den innersten Regionen und bildeten den Kern der Erde, während das leichtere Material, reich an Silizium, die erste Kruste formte.

Wasser und der Beginn des Lebens

Während der oben beschriebenen Phase waren große Mengen Gas und Dampf in die Atmosphäre entwichen, und als sich die Erdoberfläche abgekühlt hatte, konnte sich auch Wasser in flüssigem Zustand an der Oberfläche ansammeln. Fast augenblicklich begann das fließende Wasser den Fels bloßzulegen, ihn abzutragen und Material hinunter in die primitiven Meere zu transportieren, um es dort als erstes Sedimentgestein abzulagern. Darüber hinaus, was einzigartig unter den Planeten des Sonnensystems ist, sollten die Ozeane dazu bestimmt sein, die Wiege des irdischen Lebens zu werden. Das war vor etwa 3.300 Millionen Jahren.

Im Inneren der Erde

Ein dichter innerer Kern ist von einem äußeren Eisenkern in flüssigem Zustand umgeben, der als Dynamo fungiert und das irdische Magnetfeld hervorruft. Um den Kern herum liegt der Mantel - in seinen unteren Bereichen fest, aber beweglich an der oberen Grenze. Strömungen im Inneren des Mantels scheinen verantwortlich zu sein für Bewegungen der dünnen äußersten Schale - der Erdkruste.

Minerale sind die Bausteine, aus denen die Gesteine der Erde beschaffen sind. Wenn man ein Gestein genau betrachtet, wird man feststellen, daß es aus verschiedenen Teilen zu bestehen scheint, gewöhnlich in Form einzelner Kristalle, die alle ineinander wachsen. Dies sind die Minerale, und da jedes Mineral gewöhnlich eine ganz bestimmte chemische Zusammensetzung hat, rühren die Unterschiede, die man zwischen einem Gestein und einem anderen findet, von den verschiedenen Anteilen unterschiedlicher Minerale in ihnen her.

Um die Mineralzusammensetzung eines Gesteins zu erforschen, nimmt der Geologe oder Mineraloge eine Probe des Gesteins mit in sein Labor. Dort betrachtet er hautdünne Proben (Scheiben) unter dem Mikroskop. Er sieht dann, wie die verschiedenen Minerale bei verschiedener Lichteinwirkung reagieren, und kann sie so bestimmen.

Die Macht der Naturgewalten

Ein Vulkan bricht aus. Tonnen glühendheißen, geschmolzenen Gesteins ergießen sich über das Land.

Die Falten und anderen Verformungen, die man im Gestein der Erdkruste erkennen kann, haben sich Im Laufe von Millionen von Jahren gebildet.

Vulkane

Vulkane treten auf, wenn geschmolzenes Magma die Erdoberfläche erreicht und herausgeschleudert wird. An der Oberfläche kühlt das Magma, jetzt Lava genannt, ab und erstarrt rings um die Abzugsöffnung, so daß sich ein Hügel (Kegel) aufhäuft, der einen Vulkan bildet. Die Form des so entstehenden Berges hängt weitgehend von der Natur der Lava ab.

Sehr dünnflüssige Lava fließt über große Entfernungen, bevor sie weit genug abkühlt, um zu erstarren. Die Vulkane, die durch eine solche Lava entstehen, sind sehr niedrig, bilden bloß Lavaflächen, die sich um einen Spalt herum ausbreiten (Island) oder breite, niedrige Schildvulkane (Hawaii).

Kühlt diese Art Lava beim Fließen ab, zerknittert die Oberfläche zu einem seilartig verdrehten Äußeren, das die Hawaiianer als Pahoehoe (Stricklava) bezeichnen. Gab es Störungen im Fluß, ist die Oberfläche zerbrochen und brockenartig und wird Aa (Brockenlava) genannt. Lavagänge bilden sich, wenn die Oberfläche einer Lava erstarrt und das noch geschmolzene Material in ihrem

Inneren ausläuft. Baumabdrücke entstehen, wenn ein Lavafluß einen Baum erreicht. Der Baum brennt ab, und die am Baum klebende Lava bleibt als aufrechte Röhre zurück. Diese Art eines Vulkanausbruchs kann wegen der großen Gebiete, die von flüssiger Lava heimgesucht werden, sehr große Zerstörungen anrichten. Aber gewöhnlich kommt es selten dazu, weil Lava im allgemeinen sehr langsam fließt.

Zähflüssigere Lava bildet steilere und höhere Vulkane. An der Luft erstarrt dieser Lavatyp rasch und blockiert oft die Öffnung des Vulkans (Schlotgang). Der sich stauende Druck sprengt das Hindernis von Zeit zu Zeit weg, was zu dicken Blumenkohlwolken und Schauern von Asche, "Bomben" genannten Lavabrocken und Teilen festen Gesteins führt. Die römische Stadt Pompeji wurde 79 v.Chr. unter Asche begraben, als der Vesuv auf diese Weise ausbrach.

Zähflüssige Lava bringt besonders schlanke und steile Vulkane hervor. Der Ausbruch eines solchen Vulkans kann sehr heftig und zerstörerisch sein. Wenn die Öffnung durch einen festen Stopfen blockiert ist, kann der Druck, der sich unter ihm bildet, ihn wie einen Sektkorken freisprengen und in hohem Bogen davonschleudern. Wenn die Lava austritt, hat sie hohe Temperaturen, und der plötzliche Druckabfall bewirkt, daß die gelösten Gase darin freiwerden und Millionen Blasen bilden. Die extrem heiße Lava, gleitfähig gemacht durch die Gasblasen, fließt dann wie Wasser die Hänge des Vulkans hinunter und verschlingt alles auf ihrem Weg.

Vulkanismus kann in einem bestimmten Gebiet viele Tausende oder sogar Millionen Jahre andauern. Noch lange, nachdem die Vulkane eines Gebietes geologisch "tot" (also nicht mehr aktiv) sind, wirken die Erdgewalten in Form von heißen Quellen und Geysiren weiter.

Erdbeben

Im Gegensatz zur weitverbreiteten Ansicht hängen zerstörerische Erdbeben nicht mit Vulkanausbrüchen zusammen. Die Erschütterungen der Erde während eines Ausbruchs sind gewöhnlich sehr gering und örtlich begrenzt. Die größeren Erdbeben werden von den Bewegungen der großen Massen der Erdkruste verursacht. Sie ereignen sich in Gebieten der Kruste, die ständig starken Spannungen ausgesetzt sind. Die Spannungen wachsen an, bis Blöcke der Erdkruste sich sprunghaft um mehrere Meter gegeneinander verschieben. Dieser Sprung kann die Blöcke aus dem Gleichgewicht bringen, und es kann zu mehreren Nachbeben kommen, die die Spannungen lindern. Dann wird es ruhig bleiben, bis die Spannungen wieder angewachsen sind, was unter Umständen viele Jahre dauern kann.

Der Punkt, an dem die stärkste Bewegung eines Erdbebens stattfindet, wird Herd genannt. Er befindet sich gewöhnlich unter der Erdoberfläche, und der Punkt an der Oberfläche genau darüber, an dem der meiste Schaden angerichtet wird, ist als Epizentrum bekannt. Das Epizentrum läßt sich durch das Studium der Wellen, die bei einem Erdbeben entstehen, ermitteln. Drei Arten von Wellen werden ausgesandt: Die erste ist die Primärwelle, eine Druckwelle. Die zweite verursacht eine bebende Bewegung und pflanzt sich langsamer fort. Die dritte bewegt sich nur auf der Erdoberfläche und ist diejenige, die den Schaden anrichtet. Über seismo-graphische Messungen (Heftigkeit der Erschütterungen) und unter Berücksichtigung der Wellen-Geschwindigkeiten läßt sich das Epizentrum errechnen.

Sekunden nur bebte die Erde, wackelten die Häuser. Dann war alles vorbei, doch die Schäden sind unüberschaubar . . .

Kontinente unter Wasser

Etwa 130 Meter tief reicht der Festlandsockel. Er bildet den äußeren Rand der Teile der Erdkruste, auf denen sich die Kontinente (Europa, Amerika, Afrika, Asien, Australien, Antarktis) erheben. Der Sockel kann sehr breit sein, mancherorts Hunderte von Kilometern, oder er kann sehr schmal sein - etwa besonders dort, wo der Kontinent neben einem Tiefseegraben liegt, an dem eine Krustenplatte sich an der anderen aufreibt.

Die Natur des Gesteins im Festlandsockel gleicht der des Gesteins auf dem Kontinent. Deshalb ist hier in den vergangenen Jahrzehnten eine gewaltige Menge Arbeit in die Suche nach Öl investiert worden. Der Meeresspiegel ändert sich ständig, und so bewegt sich die Küstenlinie über dem Sockel fortwährend vor und zurück.

Innerhalb der letzten 2 Millionen Jahre sind Eiszeiten gekommen und gegangen und haben große Mengen Ozeanwasser in den Eiskappen gebunden und den Meeresspiegel gesenkt. Die Festlandsockel der Ostküste der Vereinigten Staaten und der Nordsee zeigen eine Anzahl überschwemmter Küstenlinien mit Torfablagerungen, Baumstümpfen und Tierresten wie Elefantenzähnen, die aus dieser Zeit stammen.

Der Kontinentalabhang

Hinter dem Rand des Festlandsockels führt ein Abhang übergangslos in die Ozeantiefen hinunter. Dieses Gefälle ist als Kontinentalabhang bekannt. Der Abhang wird oft durch riesige Schluchten zerschnitten, die an Größe dem Grand Canyon in Colorado nicht nachstehen und häufig vor der Küste an den Mündungen großer Flüsse anzutreffen sind. Diese Schluchten werden von Strömungen aus Schlamm und von Land mitgeführtem Schutt verursacht, die im Wasser zusammengehalten werden und wie eine Flüssigkeit von größerer Dichte als Meerwasser dahinfließen.

Das Meer bedeckt mehr als die Hälfte der Erdoberfläche

Das Material sinkt den Kontinentalabhang hinunter und sammelt sich am Boden in Form von Halden, die 600 Kilometer weit über den Meeresboden reichen. Die Ablagerungen (Sedimente) werden hier an der Schluchtmündung durch Meeresströmungen umverteilt. Dahinter beginnt der eigentliche Meeresboden.

Die Ozeankruste

Die Ozeankruste wird ständig an den Unterwasser-Gebirgszügen (Rücken) gebildet, die in sämtlichen Ozeanen verlaufen, und in Gräben an den Plattenrändern wieder zerstört. Das spiegelt sich in der Natur der Oberflächenmerkmale und Sedimente wider. Entlang jedes Rückens verläuft ein Senkungsgraben. Ein solcher Graben bildet sich, wenn zwei Platten sich voneinander entfernen. An dieser Linie tritt Vulkanismus auf, besonders dort, wo der Rücken in Form von Vulkaninseln über die Oberfläche hinausragt, beispielsweise auf Island und Tristan da Cunha.

Wenn Lava in Meerwasser ausbricht, bildet sie einzelne bewegliche Klumpen, die schließlich zur Ruhe kommen und, wie Kissen übereinander aufgehäuft, erstarren. Diese Kissenlava kennt man aus allen mittelozeanischen Rücken. In einem Kilometer Umkreis vom Grad des Rückens ist diese Kissenlava klar und deutlich zu sehen, was darauf hinweist, wie jung sie ist. Fünf Kilometer entfernt ist die Lava mehrere tausend Jahre alt und wird bereits teilweise von den Tiefseeablagerungen begraben. Zehn Kilometer entfernt ist sie nicht mehr zu sehen, da schon alles von Sedimenten verschüttet ist.

Der Meeresboden

Der Meeresboden besteht weitgehend aus Morast und Schlick. In Gebieten, wo kein Schlick auftritt, ist das Sediment (das abgelagerte Material) ein roter Lehm, der meistens aus Vulkanstaub und Meteoritfragmenten besteht. Die Sedimentation (Schichtenbildung) in diesen Gebieten erfolgt äußerst langsam, typischerweise mit 2 Zentimeter pro 1.000 Jahre.

Überall auf dem Meeresboden liegen zuoberst auf dem Sediment schwammige Mineralklumpen mit hohem Metallgehalt. So groß wie Tomaten (häufig größer), enthalten sie große Mengen von Mangan, Eisen, Nickel und Titan. Aber man weiß nicht genau, wie sie sich bilden. Bergbaugesellschaften sind an diesen Manganknollen, wie sie genannt werden, sehr interessiert. Sie wollen sie

Der Persische Golf in einer Satellitenaufnahme

nutzen, bevor die Erzvorkommen an Land zur Neige gehen.

Hier und da gibt es Meeresberge mit flachem Gipfel, die als Guyots bezeichnet werden. Sie haben das Aussehen von Vulkaninseln, deren Gipfel durch Wellenaktivität abgetragen wurden, nur liegen die Gipfel in einer Tiefe von etwa 3 Kilometer unter der Oberfläche. Die wahrscheinliche Erklärung ist, daß es sich dabei um Vulkane handelte, die aus dem mittelozeanischen Rücken an die Oberfläche ausbrachen, aber später durch die Bewegung der Ozeankruste von ihrem Ursprungsort weg wieder in Meerestiefen davongetragen wurden.

Die Ozeangräben sind die tiefsten Stellen des Ozeans, wobei die allertiefste Stelle mit 11.022 Meter bisher der Marianengraben vor den Philippinen zu sein scheint. In diesen Tiefen ist das Wasser absolut dunkel, und es existieren uns seltsam anmutende Wesen, die nur manchmal von Tiefseekugeln aus gesichtet und von automatischen Kameras photographiert worden sind.

Wind und Wetter

Wind, Regen, Sonnenschein - unser Wetter entsteht unter dem Einfluß der Sonnenwärme, die bestimmte Teile der Erdoberfläche und die Atmosphäre unmittelbar darüber erwärmt. Dies beeinflußt den Transport von Feuchtigkeit von einem Ort zum anderen - und somit die weltweite Verteilung der Klimazonen.

Wind und Luftzirkulation

Die starke Sonneneinstrahlung am Äquator heizt die Landmassen auf. Das führt dazu, daß die Luft darüber aufsteigt und sich in den kühleren Schichten ausbreitet. Hat sich diese Luft erst einmal abgekühlt, sinkt sie gewöhnlich auf dem 30. Grad nördlicher und südlicher Breite wieder ab.

Diese Luftmassen sind beim Herunterkommen sehr trocken, und deshalb findet man die großen Wüstengürtel der Welt in diesen Breitengraden. Der Luftdruck ist hier recht hoch, und von diesen Regionen gehen anhaltende Winde aus, die sich den Tiefdruckgebieten am Äquator zuwenden. Diese Winde wehen aus dem Nordosten und Südwesten und werden Passatwinde genannt. Sie waren zu Zeiten der Segelschiffe für den Handelsverkehr von großer Bedeutung.

Auch aus den Hochdruckgebieten der mittleren Breitengrade werden Winde nach Norden und Süden geschickt, was in der nördlichen Hemisphäre (Erdhalbkugel) zu südwestlichen und in der südlichen zu nordwestlichen Warmwin-den führt (Winde werden immer nach der Richtung benannt, aus der sie wehen.).

An den Polen verursacht der Mangel an Sonnenschein Hochdruckgebiete, die Kaltwinde in gemäßigtere Breiten entsenden - aus dem Nordosten in die nördliche Hemisphäre und aus dem Südosten in die südliche.

In diesem ganzen globalen Zirkulationssystem bewegen sich die Winde aus den Hochdruckgebieten und denen absinkender Luftmassen nicht auf geradem Weg nordwärts oder südwärts. Das verdanken sie dem Coriolis-Effekt, der die Winde und tatsächlich jedes nach Norden oder Süden strebende Objekt aufgrund der Erddrehung zu einer Seite hin ablenkt. Die Geschwindigkeit, mit der die Erdoberfläche sich am Äquator bewegt, ist größer als die in der Nähe des Pols, da die Kruste hier weiter von der Erdachse entfernt ist, sich aber dennoch einmal alle 24 Stunden mit der Erde dreht. Daher bekommt alles, was vom Äquator aus nach Norden oder nach Süden aufbricht, einen zusätzlichen

Die Entstehung eines Wirbelsturmes, aufgenommen aus dem Weltraum

Hoch über den Wolken scheint immer die Sonne...

eine Warmluftzone im Inneren der kalten Massen eingeschlossen; bewegt sich diese Zone weiter nordostwärts, so führen ihre Ränder unbeständiges Wetter und Regen mit sich.

Die Warmluft in dieser Zone ist leichter als die kalte, und deshalb neigt sie dazu, sich über die kalten Luftmassen auszubreiten und die Regenwolken, die diese befördern, mitzunehmen. Diese Wolken schlagen sich beim Aufsteigen wegen der dabei auftretenden Druck- und Tempe-raturveränderungen als Regen nieder. Schließlich ist alle wärmere Luft im Bodenbereich beseitigt, und das Frontensystem, wie es genannt wird, hat sich aufgelöst. Der Prozeß kann wieder von vorne beginnen.

Regen

Luftzirkulation ist der Haupteinfluß auf das Klima, aber Feuchtigkeit ist ein anderer. Winde, die über Meeresgebiete streichen, sind feucht und bringen jedem Land, auf das sie stoßen, Regen. Winde, die von Kontinentalgebieten kommen, sind trocken. Wenn ein feuchter Wind eine gebirgige Küstenlinie erreicht, sind die Wolken, die er befördert, gezwungen, aufzusteigen. Dies bringt bergigen Küstengegenden, die dem Wind ausgesetzt sind (Luvseite), feuchtes Klima. Bis die Berge überquert sind, ist alle Feuchtigkeit "abgeregnet", und es bildet sich ein "Regenschatten", der Ländern, die auf der Leeseite von Gebirgen liegen, ein trockenes Klima beschert. Die Ebenen Patagoniens sind dafür ein Beispiel. Sie liegen auf der Leeseite der Anden und sind so vor den anhaltenden Nordwestwinden geschützt.

Die Ozeane selbst bilden einen gigantische n Wärmespeicher, da sie die Wärmeenergie der einfallenden Sonnenstrahlen langsam absorbieren und in kühleren Zeiten langsam wieder abgeben. Daher unterliegen Gebiete in Meeresnähe keinen extremen Temperaturschwankungen.

Schwung in die Richtung, in der die Erde sich dreht, und weicht dann allmählich, während es den langsameren Breitengraden zustrebt, vom Kurs ab.

Die Grenze zwischen den nordöstlichen Polarwinden und den südwestlichen gemäßigten Winden in der nördlichen Hemisphäre ist von ähnlicher Bedeutung. Die Grenze ist nicht fest markiert und kann überall in einem breiten Streifen, der Nordamerika, Europa und Nordasien abdeckt, verlaufen. Das ist der Grund für die sehr veränderlichen Wetterbedingungen in diesen Regionen. Die Kaltwinde im Norden und die Warmwinde im Süden streben aus verschiedenen Richtungen aufeinander zu. Schließlich bringt sie die Reibung dazu, sich wie Wasserwirbel umeinander zu drehen. Wenn dies geschieht, wird

Energie aus Sonne und Wind

"Metty, mir ist kalt!"
"Wir haben doch Zentralheizung. Stell' das Thermostat doch auf eine höhere Temperatur ein, Launebär!"
"Die ist auch ganz kalt!"
"Dann such' den elektrischen Heizlüfter, den du hier irgendwo auf dem Laune-Speicher verbuddelt hast!"
"Vergiß es, Metty. Wir haben schon seit einer Stunde keinen Strom mehr!"
"Au weia! Launebär, was machen wir denn jetzt?"
"Wir zittern uns warm. Oder wir halten uns gegenseitig warm, Metty."
"Und morgen? Und übermorgen?"
"Du meinst... wir haben keinen Strom und kein Öl mehr? Metty! Wenn es auf der ganzen Welt kein Erdöl mehr gibt - gehen dann überall die Lichter aus?"
"Wahrscheinlich - wenn es uns nicht gelingt, andere Energiequellen zu nutzen."
"Welche denn, Metty?"
"Sonnen- und Windenergie zum Beispiel..."

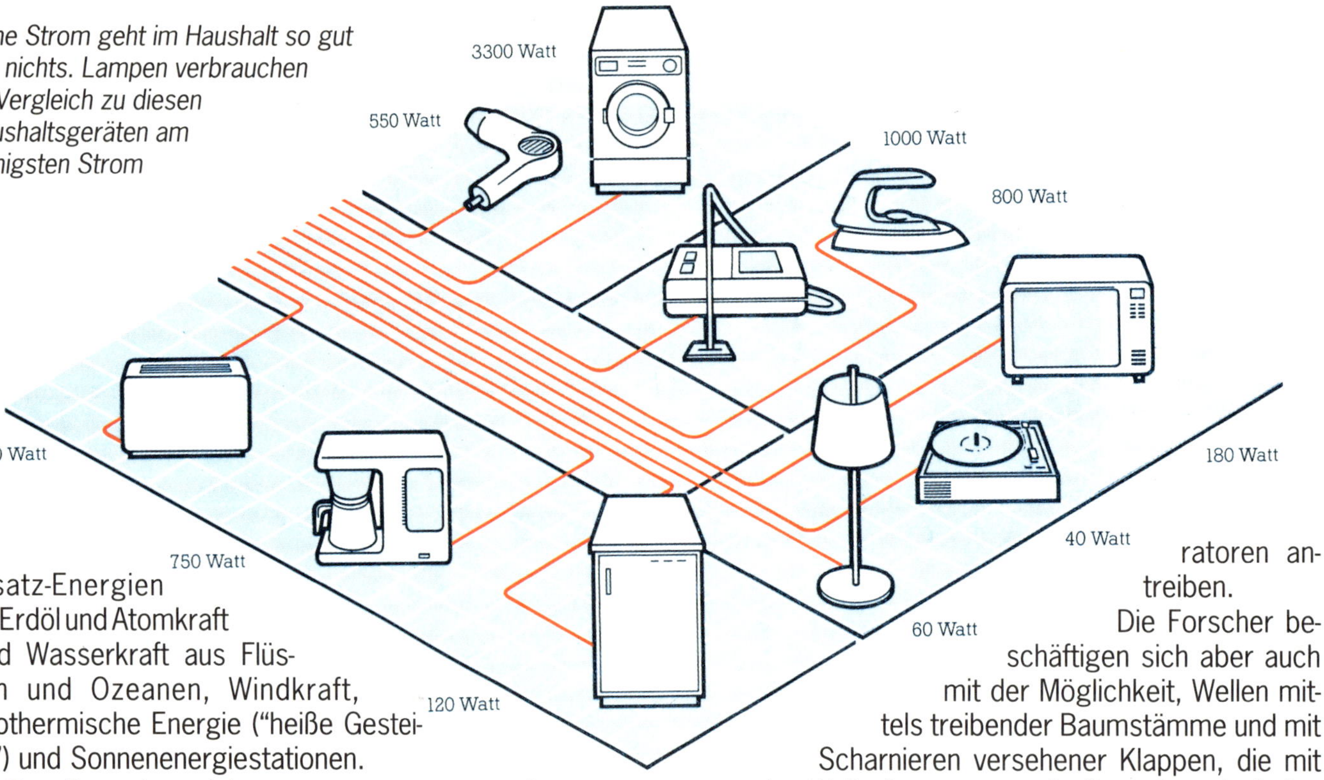

Ohne Strom geht im Haushalt so gut wie nichts. Lampen verbrauchen im Vergleich zu diesen Haushaltsgeräten am wenigsten Strom

Ersatz-Energien für Erdöl und Atomkraft sind Wasserkraft aus Flüssen und Ozeanen, Windkraft, geothermische Energie ("heiße Gesteine") und Sonnenenergiestationen.

Es wäre schon viel gewonnen, wenn man die Energie der Ozeane nutzen könnte. Seit den 60ern arbeitet bereits ein kleines 240-Megawatt-Gezeitenkraftwerk in La Rance, Frankreich. Die durch die Gezeiten (Ebbe und Flut) erzeugten Wellen, die hinter einer Sperre hinausströmen, treiben Turbinen an, die ihrerseits elektrische Generatoren antreiben.

Die Forscher beschäftigen sich aber auch mit der Möglichkeit, Wellen mittels treibender Baumstämme und mit Scharnieren versehener Klappen, die mit der Wellenbewegung ständig auf- und niederschwappen, zur Elektrizitätserzeugung zu verwenden.

In Amerika gibt es bereits ein Elektrizitätskraftwerk, das von der Wärmeenergie des Ozeans betrieben wird. Im Golfstrom gibt es zwischen dem Oberflächenwasser und dem Wasser in einer Tiefe von 600 m Temperaturunterschiede von 30 bis 40° C. Dieser Unterschied kann Wärmemaschinen betreiben, die ihrerseits elektrische Generatoren in Gang setzen.

Wir können auch "heiße Gesteine" in der Erdkruste "anzapfen". Die meiste Hitze kommt vom Zerfall radioaktiver Elemente. Eine Methode, sie nutzbar zu machen, besteht darin, sich bis zu den heißen Gesteinen vorzubohren und sie durch gleichbleibenden hydraulischen Druck aufzubrechen. Kühlwasser wird durch ein Bohrloch von einem Kraftwerk an der Oberfläche hinuntergeschickt - und heißes Wasser durch ein anderes heraufgeholt.

Windmühlen haben abgelegene dörfliche Gemeinschaften schon seit einem Jahrhundert mit Strom versorgt. Inzwischen gibt es neue Arten von Windmühlen ("Windturbinen"). Eine große Windturbine auf einem Berg in North Carolina (seit 1979 in Betrieb) hat Flügel mit einer Spannweite von 91 m. Dazu geschaffen, bei durchschnittlichen Windgeschwindigkeiten von 23 km/h zu arbeiten, erzeugt sie 2.500 Kilowatt Elektrizität - genug, um 500 Häuser mit Strom zu versorgen.

Die Sonne ist unsere größte Energiequelle. Solarzellen, die fast alle künstlichen Satelliten mit Strom versorgen, verwandeln Sonnenlicht direkt in Elektrizität. Obwohl die augenblicklichen Kosten hoch sind, könnten diese Zellen bei Einrichtungen wie automatischen Wetterstationen und Navigationsbojen von großem Nutzen sein. Mögliche künftige Anwendungsgebiete sind vielleicht in Wüstengebieten zu finden, wo Solarenergie der Landwirtschaft und Industrie dienen könnte.

Den ersten größeren Nutzen zog man aus der Sonnenenergie jedoch nicht durch Solarzellen, sondern durch Solarplatten, die an den Dächern von Gebäuden befestigt werden. Die mit einer Glasfront versehenen Platten nutzen das Sonnenlicht, um Luft, Wasser oder andere Flüssigkeiten zu erwärmen.

Das Äußerste an Sonnenenergie wird vielleicht von stadtgroßen Satelliten in einer erdnahen Umlaufbahn (35.880 Kilometer) über dem Äquator kommen. Solche Stationen würden gewaltige Mengen von Solarzellen haben, um Sonnenenergie in elektrische Kraft umzuwandeln. Große Richtantennen würden die Kraft dann durch Mikrowellenstrahlen an spezielle Empfangsstellen auf der Erde abstrahlen, die sie ihrerseits an Häuser und Fabriken verteilten.

So nutzen wir die Sonnenenergie

Parabolspiegel, Sonnenkollektoren und Solarzellen fangen die Sonnenstrahlen ein und erzeugen Strom, Heißwasser oder Dampf für eine Reihe industrieller oder privater Einsatzgebiete

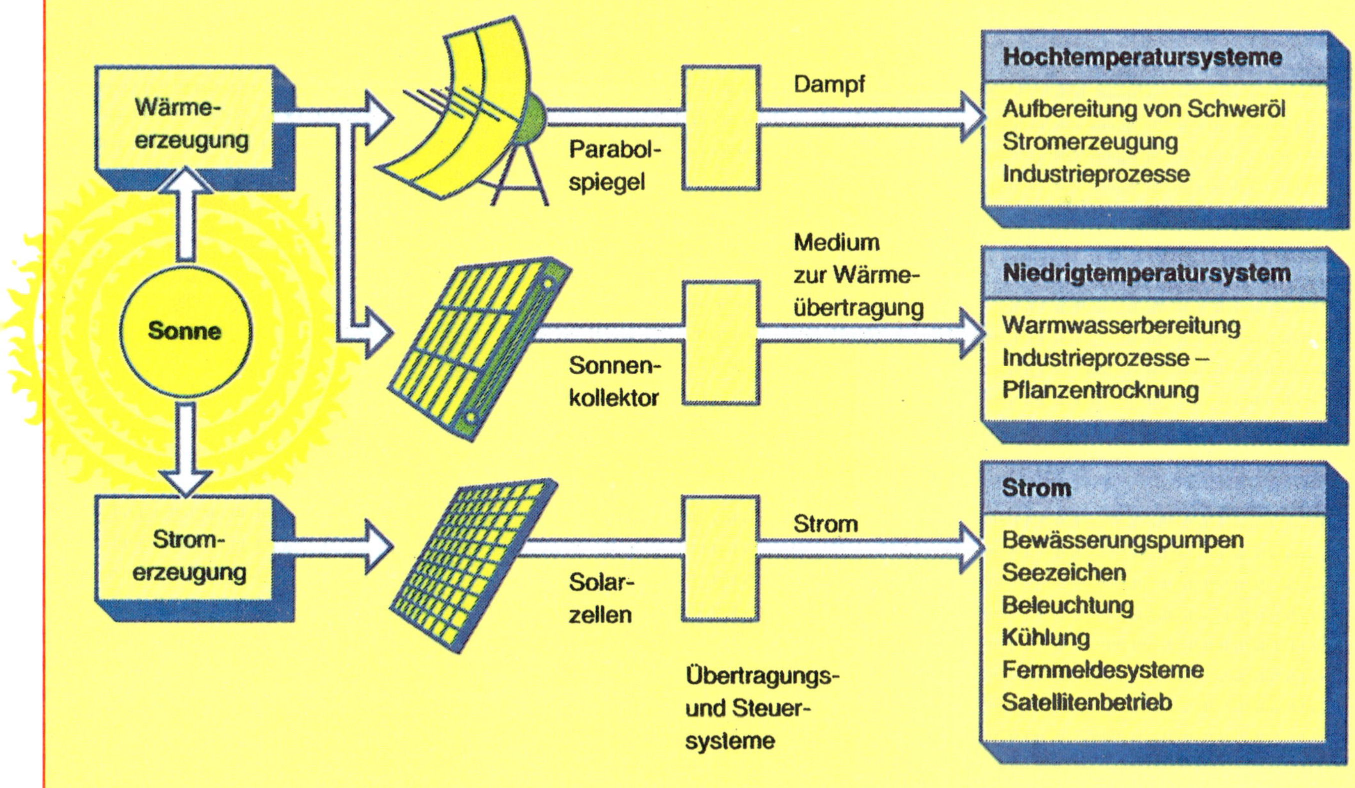

Keypers

"Schließ was ein - es bleibt geheim!"

Keypers, das sind die tollen Spielfiguren, in die Du Deine Geheimnisse einschließt.

Jeder Keypers hat ein Geheimfach, welches nur Du mit einem Schlüssel öffnen kannst.

Und einzuschließen gibt es jede Menge: Ringe, Parfüm, Murmeln, Bonbons, Haarspangen, Halsketten, Armreifen...

Außerdem hat jeder Keypers zauberhafte Haare, die mit der Keypers-Bürste frisiert werden können.

KNETSPASS IN 1000 FORMEN

Habt Ihr Lust auf ein Würfelspiel mit eigenen Figuren? Na dann los: erstmal knetet sich jeder ein eigenes Männchen. Wenn Ihr wollt, könnt Ihr aus Play-Doh Spielknete sogar einen Würfel machen. Ein Tip: Laßt Figuren und Würfel trocknen, dann habt Ihr für alle Würfelspiele Eure eigenen Figuren. Fertig? Dann kann die Reise durch die bunte Play-Doh Knetwelt ja losgehen, wer zuerst bei Play-Doh Max ankommt, hat gewonnen. Los geht's auf Feld 1, immer so viele Felder vorrücken, wie Punkte auf dem Würfel sind. Unterwegs gibt es aber einige Überraschungen...

2: Du hast für unterwegs ein paar Möhren eingesteckt. Nochmal würfeln.
7: Du läufst den Wölkchen nach. Schnell noch zwei Felder vor.
12: Platsch! Ins Wasser gefallen. Zum Trocknen eine Runde aussetzen
17: Die Seeschlange lockt Dich vom Spielfeld; Du mußt nochmal starten.
20: Das Pferdchen zeigt Dir den Weg, drei Felder vor.
22: Du pflückst auf der Wiese einen großen Blumenstrauß, zwei Runden aussetzen.
24: Ein uriges Vieh begegnet Dir. Du erschrickst und läufst schnell drei Felder zurück.
25: Du rutscht über den Regenbogen auf Feld 28.
33: Du hast Dich an den Kakteen gestochen. Weiter geht's nur mit einer ungeraden Zahl.
38: In der Wüste ist es zu heiß zum Marschieren. Bis zum Abend zwei Runden aussetzen.
45: Du schwimmst den Enten nach, nochmal würfeln.
49: Ätsch, wenn Du hier als erster bist, mußt Du auf einen Mitspieler warten.
54: Miau, Du streichelst das Kätzchen, zur Belohnung vier Felder vor.
60: Den Dinosaurier mußt Du Dir genau ansehen. Eine Runde aussetzen.
66: Kurz vor dem Ziel vom Weg abgekommen. Folge dem Fluß auf Feld 51.

Brücken, Straßen und Tunnel

Die Golden Gate Bridge über der Bucht von San Francisco, eine der größten Hängebrücken der Welt

"Metty! Hast du schon einmal auf einer hohen Brücke gestanden und nach unten gesehen!"
"Natürlich, Launebär. Wenn man zum Beispiel mit dem Auto auf den österreichischen Paßstraßen Richtung Italien fährt..."
"Metty, wird die dabei nicht schwindlig?"
"Nö."
"Du hast es gut! Mir sind Tunnel lieber. Da kann man sich drin verkriechen und es sich so herrlich gemütlich machen!"
'Zum Winterschlaf wirst du in den meisten Tunneln aber nicht kommen. So viel Verkehr ist da. Über die Verkehrswege, also Straßen, Brücken und Tunnel, kann ich dir übrigens eine Menge erzählen..."

Brücken und Tunnel gehören zu den größten Dingen, die der Mensch geschaffen hat - die Verrazano-Narrows-Bridge in New York zum Beispiel hat eine Spannweite von 1.298 Metern, und der Straßentunnel unter dem Mont Blanc ist 12 Kilometer lang. Der Tunnel unter dem Ärmelkanal, der Frankreich und England miteinander verbindet, wird sogar über 30 Kilometer lang...

Während Tunnel im wahrsten Sinne des Wortes eher ein Schattendasein führen, sind Brücken sehr auffällig. Deshalb hat man sich bei einigen von ihnen - zum Beispiel der Salgina-Brücke unweit von Schiers in der Schweiz - mit dem Design viel Mühe gegeben. Diese Bauten sind natürlich sehr wichtig für die heutige Welt. Brücken, Tunnel und Straßen bilden das Rückgrat der weltweiten Verkehrswege, ohne die es zum Beispiel kaum Urlaubsfahrten oder Ausflüge gäbe - weil das Reisen dann noch so beschwerlich wie im Mittelalter wäre.

Der moderne Straßenbau geht auf das 18. Jahrhundert zurück. Früh in diesem Jahrhundert richtete die französische Regierung eine nationale Behörde ein, die für Straßen verantwortlich war; doch zwei britischen Ingenieuren blieb es vorbehalten, die größten Errungenschaften im Straßenbau zu machen. Einer von ihnen, Thomas Telford,

Über Autobahn-Kreuze wie dieses in Miami (Florida/USA) rollen täglich viele tausend Fahrzeuge in alle Richtungen

baute ungemein glatte Straßen - eine ist noch heute Teil der Straße von London nach Holyhead. Er benutzte schwere Steine, die er ins Erdreich einlegte und mit feinem Kies bedeckte - aber leider war das zu teuer. Ein Schotte, John McAdam, fand eine wirtschaftlichere Lösung: Er erkannte, daß es das Erdreich war, das die Last des Verkehrs tragen muß, und daß die Hauptfunktion einer Straße darin bestehen sollte, den Boden unter ihr trocken zu halten. Seine Straßen waren leicht gewölbt, so daß das Wasser von ihnen ablief, und mit groben Steinen von etwa 5 Zentimeter Höhe bedeckt. Die Kutschen hatten zu seiner Zeit Stahlreifen, und dies führte dazu, daß die Steine allmählich eine glatte, wasserdichte Oberfläche bildeten.

Unglücklicherweise wirbelten im 20. Jahrhundert die Gummireifen des Motorverkehrs die feinen Steinpartikel in McAdams Straßen auf. Eine Bindeschicht aus Teer verhinderte das, und Teermakadamstraßen, wie die Verbesserungen genannt wurden, werden noch heute gebaut. Straßen für Schwerverkehr sind inzwischen aus Beton.

Die herausragende Entwicklung im Straßenbau des 20. Jahrhunderts ist die Autobahn. Einige haben kleeblattförmigen Kreuzungen - so kann man seine Fahrtrichtung ändern, ohne anzuhalten und ohne anderen Autofahren ins Gehege zu kommen. Wichtige Bindeglieder in der Kette dieser Straßen sind die Brücken und Tunnel. Beide haben die gleiche Funktion. Sie sollen verhindern, daß Straßen und Eisenbahnstrecken - dem Gelände angepaßt - über Berge hinwegführen müssen.

Es gibt im wesentlichen drei Brückenkonstruktionen: die Balken-, Bogen- und Hängebrücke. Die einfachste Form ist die Balkenbrücke, in regelmäßigen Abständen durch Pfeiler unterstützt.

Es gibt Bogenbrücken aus Stein oder Ziegeln, die noch zwei Jahrtausende nach ihrem Bau stehen. Bogenbrücken üben einen Seitwärtsdruck auf den Boden aus, ebenso wie einen Druck von oben nach unten, und der Boden muß außer der Last des Verkehrs, der die Brücke passiert,

Kilometerlange Tunnel waren früher der Traum der Menschen, Heute sind sie technisch kein Problem mehr

auch noch den der Brücke selbst tragen. Heutige Bogenbrücken müssen auch den Ansprüchen des Schwerverkehrs genügen. Eine Möglichkeit, dieses Problem zu lösen, ist das Aufhängen der Brücke an Pfeilern. Viele Brücken haben drei Aufhängungen: eine an jedem Ende des Bogens und eine in ihrem Mittelpunkt.

Darüber hinaus gibt es noch die eigentliche Hängebrücke; gewöhnlich wird sie von Kabeln (an hochaufragenden Pfeilern aufgehängt) gehalten. Da ein Teil der Spannung, die auf den Pfeilern lastet, sie nach innen zieht, müssen sie unterstützt werden. Im allgemeinen werden die Kabel der Hängebrücke über die Pfeiler hinweggeführt und im Boden verankert. Hängebrücken kann man wirtschaftlich über große Entfernungen hinweg bauen, und sie sehen auch sehr elegant aus.

Die Technik der Nac

"DUM-DI-DUM-DUM-DUM-DI-DI-DUM! Was heißt das, Metty?"
"Keine Ahnung, Launebär!"
"Das heißt, daß ich eben auf RTL plus die Satelliten-Wetterkarte gesehen habe und jetzt wissen möchte, wie die Leute sich über das Wetter und alles mögliche informiert haben, als es noch keine Satelliten gab."
"DI-DUM-DI-DUM-DI-DUM-DI-DI-DUM-DUM!"
"Was heißt das? Würdest du mir das bitte übersetzen, Metty?"
"Das heißt: Ohren auf, ich erklär's dir..."

Früher benutzte man Trommeln oder sandte "reitende Boten" aus, die wichtige Depeschen (Briefe) überbrachten. Als die Mitteilungen jedoch immer umfangreicher wurden, mußte man sich etwas Neues einfallen lassen...

Der Buchdruck, das Drucken mit beweglichen Lettern (Buchstaben), hat eine inzwischen 500jährige Tradition. Er wurde von Johannes Gutenberg aus Mainz erfunden. Seine erste brauchbare Druckmaschine stellte er 1450 fertig. Was sie so bedeutend machte, war, daß sie für jeden Buchstaben eine einzelne Letter benutzte, so daß man rasch Worte und Sätze zusammenfügen konnte. Gutenberg druckte ein Gedicht und wandte sich dann dem Drucken der Bibel zu. Damit wurde er 1456 fertig; doch zu diesem Zeitpunkt war er schon bankrott...

Das Drucken von Büchern verbreitete sich schnell. Das Drucken von Zeitungen, lebenswichtig für das heutige Nachrichtenwesen, folgte bald. Die ersten Zeitungsblätter erschienen im 16. und 17. Jahrhundert, aber der erste Schritt zu hohen Auflagen war die Einführung der Dampfdruckmaschine im Jahr 1814. Auf sie folgte die Rotationsdruckmaschine, die heute noch Anwendung findet.

In dieser frühen Zeit wurden die Lettern noch von Hand gesetzt, Buchstabe für Buchstabe. 1886 wandte Ottmar Mergenthaler das Schreibmaschinenprinzip auf das Setzen an. Der Bediener seiner Linotype schlug Tasten an, und die Maschine warf automatisch Letternfolgen aus. Linotypes und die jüngeren Monotypes, die jede Letter einzeln auswerfen, sind immer noch in Gebrauch, werden aber von dem schnelleren und flexibleren Computersatz verdrängt. Der Autor oder Setzer tippt in die Computertastatur, was er gedruckt haben will. Der Computer gleicht die Zeilenlänge aus, setzt an den richtigen Stellen Trennungstriche und wandelt das Ganze in winzige Lichtpunkte auf dem Monitor um. Genausogut kann man diese Buchstaben aber auch elektronisch auf lichtempfindliches Material (Film) übertragen - und schon hat man eine fertige Druckvorlage.

Radio und Fernsehen tauchten erstmals 1894 auf. Gugliemo Marconi, damals erst 20 Jahre alt, erfand ein Verfahren, Botschaften aus einem Morsesender zu einer elektrischen Klingel am anderen Ende seines Labors zu schicken. Seine Erfindung war natürlich eine Erweiterung des Telegraphen - des Systems aus dem 19. Jahrhundert, durch das man mit Hilfe des Morsecodes, der sich über Drähte fortpflanzte, Nachrichten übermitteln konnte.

Marconis erste drahtlose Übertragung war sehr beschränkt. Er schickte eine Botschaft aus einem Sender. Dieser produzierte mächtige elektrische Funken, die Radiowellen bildeten. Am Empfänger wurden sie von einem "Fritter" aufgefangen - eine Glasröhre voller Eisenspäne, mit einem elektrischen Draht an beiden Enden, die mit der Klingel verbunden war. Als die Radiowellen den Fritter erreichten, richteten sie die Späne so aus, daß ein Strom floß und die Klingel zum Schrillen brachte.

Als er diese Version verbesserte, stellte Marconi fest, daß er Morsebotschaften über Ozeane schicken konnte - am 12. Dezember 1901 empfing Marconi auf Neufundland eine Nachricht aus Poldhu in Cornwall, England , aber er konnte keine Rede oder Musik übermitteln. Der Verbesserung der Radioröhre durch Ambrose Fleming in England 1904 folgte eine Röhre - die Triode -, die elektrische Ströme verstärken und dem stetigen Ton von Marconis einfachem Sender Musik und Klang "hinzufügen" konnte. Sie wurde von Lee de Forest, einem Amerikaner, erfunden; und ständige Verbesserung führte zu der ersten

richtenübermittlung

permanenten Sendeanlage, die 1920 in Pennsylvania errichtet wurde. Die stärkere Sende- und Empfangsleistung, die durch Röhren ermöglicht wurde, brachte es schließlich mit sich, daß die Menschen Radiosendungen via Lautsprecher genießen konnten - statt über Kopfhörer, wie sie anfangs noch erforderlich gewesen waren.

Nach dem Zweiten Weltkrieg ersetzten Transistoren allmählich die Radioröhren. Der Transistor wurde von drei Amerikanern erfunden, John Bardeen, Walter Brattain und William Shockley, die für die Bell Telephone Laboratories arbeiteten. Das Fernsehen wurde von einem Schotten, John Logie Baird, erfunden, der erstmals am 2. Oktober 1925 ein Bild übermittelte. Bei jedem Fernsehsystem

Das Videokonferenz-Studio der Ford-Werke in Köln-Merkenich: Über Kontinente hinweg sind die Konferenzteilnehmer miteinander verbunden

wird die zu übermittelnde Szene in einzelne Bilder und diese wiederum in Rasterpunkte zerlegt und so weitergeleitet. Bei Bairds System enthielt die Kamera ein sich drehendes Rad mit Löchern darin, die das von der Kamera "gesehene" Gebiet begrenzten. Drehte sich das Rad, wurde die ganze Szene abgetastet. Der Empfänger enthielt ein Rad, das sich mit gleicher Geschwindigkeit drehte, und hindurchfallendes Licht baute das Bild wieder auf. Das System wurde 1929 von der British Broadcasting Corporation (BBC) benutzt, um Programme zu senden, wurde jedoch bald von einem amerikanischen System ersetzt, das Dr. V. K. Zworykin erfand und 1928 patentieren ließ.

Radiosignale prallen von Schichten hoch oben in der Erdatmosphäre ab, so daß Signale um die Welt reisen können. Fernsehsignale gehen geradewegs hinaus ins All. Weltweites Fernsehen ist ein Produkt des Weltraumzeitalters. Die Signale werden zu Satelliten geschickt, die im All schweben - tatsächlich kreisen sie mit der gleichen Geschwindigkeit wie die Erde um sie herum. Die ganze Erde ist mittlerweile in Reichweite von Fernsehsignalen, die aus beliebigen Erdteilen abgestrahlt werden.

Diese Kommunikationssatelliten werden auch zur Übermittlung von Telefon-, Telex- und Telefax-Nachrichten eingesetzt. Das Telefon wurde 1876 von Alexander Graham Bell erfunden, einem Schotten, der in Boston, Massachusetts, aufwuchs. Er stellte fest, daß ein dünnes Metallplättchen in der Nähe eines Magneten, um den man einen Draht gewickelt hat, als Mikrofon dienen kann. Eine Stimme bringt das Plättchen zum Vibrieren, was dazu führt, daß das Magnetfeld verändert wird und elektrische

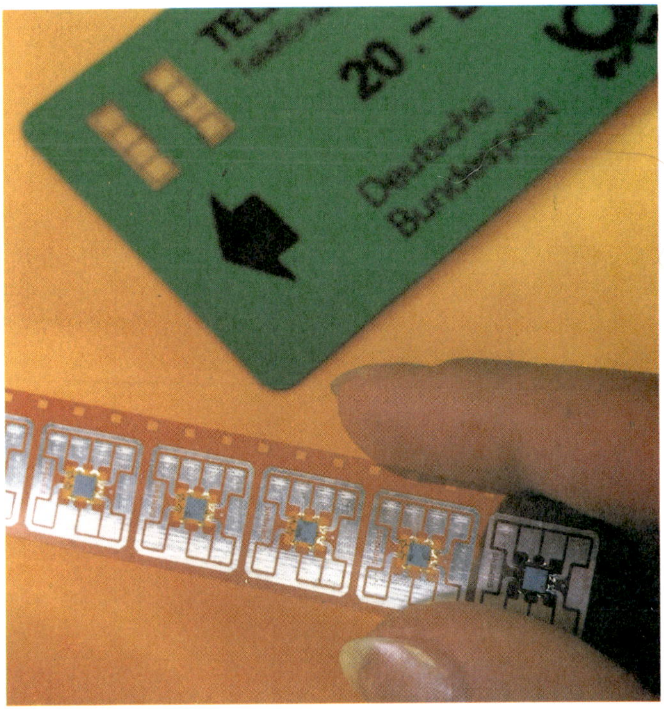

In jeder Telefonkarte steckt ein winziger Chip, der Daten über die bereits vertelefonierten und die noch verfügbaren Telefoneinheiten speichert

Ströme in den Draht fließen. Das System funktioniert auch umgekehrt als Empfänger. 1876 schickte Bell seine erste Nachricht an seinen Assistenten: "Mr. Watson, bitte kommen Sie her. Ich brauche Sie."

Bell und der Thomas Alva Edison, der Erfinder der Glühlampe, entwickelten verschiedene Telefonsysteme, die schließlich miteinander kombiniert wurden. Das Telefon selbst wurde erheblich verbessert durch die Erfindung eines Mikrofons. Dieses entwickelte David Hughes im Jahre 1878.

Telefonische Nachrichten wurden ursprünglich über Drähte übermittelt und überquerten Ozeane durch dicke Kabelbündel, die auf dem Meeresboden verlegt waren. Heute werden sie zu Radiosignalen umgewandelt und an Satelliten abgestrahlt. Diese Satelliten werden auch weiterhin als Bindeglied für große Entfernungen dienen, aber in Zukunft werden telefonische Nachrichten auch zwischen Städten nicht mehr durch Drähte laufen. Sie werden durch feine Glasfasern gelenkt oder per Funk übertragen.

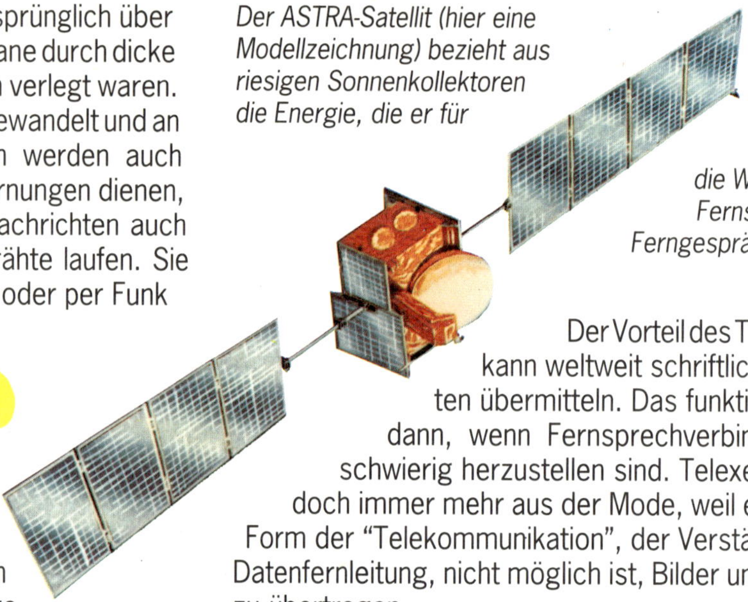

Der ASTRA-Satellit (hier eine Modellzeichnung) bezieht aus riesigen Sonnenkollektoren die Energie, die er für die Weitergabe von Fernsehbildern und Ferngesprächen benötigt

Telex, Teletex und Telefax

Rund 30 Millionen Telefonanschlüsse wurden von der Deutschen Bundespost bisher installiert. Täglich kommen neue hinzu. Doch sie dienen bei weiten nicht nur der Übertragung von Telefongesprächen. Firmen versenden über die Telefon- und anderen Datenleitungen der Post inzwischen wichtige Dokumente, ja sogar Zeichnungen. Und das blitzschnell und weltweit.

Telex ist die am weitesten verbreitete Form der Textübermittlung. Telex ist im wahrsten Sinne ein Fern-Schreib-Dienst. Jedes Zeichen, das über eine Tastatur in das Telexgerät eingegeben wird, erscheint gleichzeitig in Form von Buchstaben, Zahlen oder Satzzeichen auf dem Anrufer- und Empfänger-Telexgerät.

Telexen kann man seit über 50 Jahren, und zwar an weltweit etwa zwei Millionen Telex-Teilnehmer. Die Übertragung der Telexe erfolgt mit 400 Zeichen pro Minute. Eine vollbeschriebene DIN A4-Seite wird also in etwa 5 Minuten übertragen. Die Papierbreite beträgt immer DIN A4, die Papierlänge ist frei wählbar, da die Nachrichten auf Papierrollen (Endlospapier) ausgedruckt werden. Die Eingabe des Textes erfolgt je nach Gerätetyp über eine Tastatur, eine Diskette (von der die Nachricht elektronisch abgelesen wird) oder einen Lochstreifen. Ein Lochstreifen ist ein Streifen Papier, in den nach einem festgelegten Verfahren Löcher gestanzt werden. Jeder Buchstabe hat eine eigene Löcher-Folge, die vom Telexgerät erkannt und an ein anderes Telexgerät weitergegeben werden kann.

Seit 1984 gibt es BIGFON, das Bildtelefon. Auf einem Bildschirm können sich die Anrufer sehen. Sie werden beim Telefonieren von einer Videokamera gefilmt

Der Vorteil des Telexens: Man kann weltweit schriftliche Nachrichten übermitteln. Das funktioniert selbst dann, wenn Fernsprechverbindungen nur schwierig herzustellen sind. Telexen kommt jedoch immer mehr aus der Mode, weil es mit dieser Form der "Telekommunikation", der Verständigung per Datenfernleitung, nicht möglich ist, Bilder und Graphiken zu übertragen.

Teletex, 1981 von der Post eingeführt, ermöglicht die elektronische Textübertragung in Schreibmaschinenqualität von Schreibtisch zu Schreibtisch. Spezielle Schreibmaschinen benötigen ca. 10 Sekunden, um eine DIN A4-Seite zu übertragen. Dabei kann es sich um Geschäftsbriefe, Formulare, Tabellen, wissenschaftliche Formeln oder fremdsprachliche Texte handeln. Die Textübertragung erfolgt vollautomatisch vom Datenspeicher des einen Gerätes zum Datenspeicher des Empfängers. Der kann sogar eine Schreibarbeit auf seiner Teletex-Schreibmaschine erledigen, während eine Nachricht hereinkommt.

Der Vorteil des Teletexgerätes gegenüber dem Telexgerät ist die bessere Druckqualität und die Möglichkeit, Nachrichten zu speichern und zum Beispiel nachts oder am Wochenende übertragen zu lassen. Über Teletex kann man auch alle Telexgeräte anwählen und seine Nachricht über sie ausdrucken lassen.

Vielseitiger noch als Telex und Teletex läßt sich ein Telefaxgerät an. Mit einem Telefaxgerät kann man Zeichnungen und Texte als originalgetreue Kopie an ein anderes Telefaxgerät übertragen, wo jedes Detail (zum Beispiel einer Zeichnung oder eines Briefkopfes) ausgedruckt wird.

Das funktioniert so: Die Vorlagen werden vom Gerät des Absenders zeilenweise Punkt für Punkt mittels eines Laserstrahles abgetastet und vom Gerät des Empfängers in der Original-Form wiedergegeben. Die Vorlage darf bei den derzeit erhältlichen Geräten maximal DIN A4-Größe haben; die Widergabe erfolgt stets in Schwarzweiß; es werden also keine Grautöne übertragen. Der Ausdruck der empfangenen Nachricht erfolgt ebenfalls mittels Laser-Technik auf hitzeempfindlichem Papier. Die neuesten Telefax-Geräte arbeiten jedoch mit normalem Schreibmaschinenpapier. Und es gibt inzwischen die Möglichkeit, Telefaxe von einem Personal Computer senden und empfangen zu lassen. Das hat den Vorteil, daß man diese Nachrichten als Text und/oder Zeichnung im Computer speichern, verändern, ergänzen, weitersenden kann.

ISDN - die Zukunft der Datenübertragung

In Zukunft werden alle Nachrichten über das ISDN-Netz der Bundespost verschickt werden. ISDN steht für den englischen Ausdruck "Integrated Services Digital Network", das heißt: In diesem Fernmeldenetz werden Informationen in Form von digitalen Signalen (wie in einem Computer) versendet, und zwar mit einer Geschwindigkeit von 64.000 Zeichen pro Sekunde. Sprache, Text, Daten und Bilder, für deren Übermittlung bisher verschiedene Anschlußleitungen erforderlich waren, können in Zukunft über eine Leitung verschickt werden - und man braucht bald nur noch ein Gerät dazu. Es wird also Telefon, Anrufbeantworter, Computer-Datenanschluß und Telefax in einem Gerät eingebaut sein.

Bildschirmtext

Habt ihr einen Fernseher mit Videotext-Empfang? Dann kennt ihr sicher die bunten Texttafeln mit den etwas eckigen Buchstaben. Die Texte werden mit den Fernsehsignalen vom Sender zu eurem Fernseher übermittelt.

Bildschirmtext kann noch viel mehr. In großen Computern sind viele tausend Text- und Bild-Seiten gespeichert. Auf Knopfdruck werden diese Seiten über die Telefonleitung und ein Modem an euren Fernseher geschickt. Das Modem wandelt die ankommenden Signale um, so daß auf eurem Fernseher die angeforderte Seite erscheint. So könnt ihr Nachrichten (Sport, Kultur) empfangen, Mitteilungen von Verbänden und Organisationen erhalten, euch über die Angebote vieler tausend Firmen unterrichten lassen, in Reiseprospekten blättern, euer Horoskop erstellen lassen und bei Spielen, Quiz-Angeboten und Preisausschreiben selbst aktiv werden. Daneben ist es per Bildschirmtext möglich, private Nachrichten an jeden anderen Bildschirmtext-Teilnehmer zu verschicken.

Und das funktioniert so: Durch Drücken der Btx-Anwahl-Taste der Fernbedienung bzw. der Tastatur stellt die Btx-Anschlußbox automatisch die Verbindung zum Bildschirmtext-System her. Auf dem Bildschirm erscheint die Anfangsseite mit der Teilnehmer-Nummer und der

Jeder Computer kann zu einer Bildschirmtext-Zentrale werden und Bildschirmtext-Seiten speichern oder Bildschirmtext-Angebote seitenweise anderen Btx-Teilnehmern zur Verfügung stellen

Aufforderung, das persönliche Kennwort einzugeben. Das persönliche Kennwort kann der Btx-Teilnehmer selbst bestimmen und jederzeit verändern. Das Kennwort stellt eine wichtige "Sicherheitsbarriere" dar; es erscheint deshalb beim Eintippen auch nicht auf dem Bildschirm.

Nach Eingabe des persönlichen Kennwortes prüft der angewählte Btx-Computer automatisch die Richtigkeit. Ist alles okay, wird der Zugang in das elektronische Seiten-Labyrinth freigegeben. Es erscheint die Begrüßungsseite und eventuell der Hinweis auf Mitteilungen, die im "elektronischen Briefkasten" eingetroffen sind.

Danach kann durch Eingabe einer Ziffer die Gesamtübersicht der im Btx-System gespeicherten Seiten aufgerufen (auf dem Bildschirm angezeigt) werden. Da jede Btx-Seite durch eine maximal 16stellige Seitennummer gekennzeichnet ist, könnt ihr sie auch direkt durch Eingabe der Seitennummer auf die Mattscheibe zaubern. Ist die Seitennummer nicht bekannt, führt der Weg über "Suchbäume" und Schlagwort-verzeichnisse zum Ziel. Ein Suchbaum verzweigt sich ähnlich wie ein Baum, wobei ihr euch, von "Ast" zu "Ast" springend, an die gewünschte Seite oder Information herantasten könnt. Von dem Haupt-Stichwort "Reise" beispielsweise zweigt ein "Ast" zum Stichwort "Reisen mit Kindern" und von dort zum Stichwort "Ferien auf dem Bauernhof" ab. Über diese Themen-Gliederung ist das Gesuchte - ob Nachricht oder Quiz - schnell gefunden.

Ist Bildschirmtext nicht eine feine Erfindung - und ein nettes Spielzeug...?

Kompliziertes kurz erklärt

"Metty, ich bin baff!"
"Warum denn das, Launebär?"
"Weil ich so viel lernen möchte... und mir nachts sogar mein Launebär-Lexikon unters Kopfkissen lege... und trotzdem nicht schlauer werde."
"Und womöglich kannst du deshalb nicht richtig schlafen."
"Genau. Sag mal, Metty, kann man denn da gar nichts machen?"
"Du meinst, ich soll dir eine Pille oder eine Spritze geben, damit du plötzlich so ein Genie bist wie Einstein?"
"Genau, Metty! Tolle Idee."
"Mag sein, Launebär - aber diese Medizin ist leider noch nicht erfunden worden. Deshalb wirst du deinen Grips weiterhin anstrengen müssen. Und eigentlich ist es doch gar nicht so schwer, auch schwierige Dinge zu verstehen. Du mußt dir nur Mühe geben..."

Woher kommt das Echo?

In den Bergen, aber auch in leeren Räumen oder großen Hallen könnt ihr leicht ein Echo erzeugen. Ihr ruft euren Namen, und kurze Zeit später ruft jemand aus einer anderen Ecke euren Namen. Und dann vielleicht noch einer, wieder aus einer anderen Ecke. Jeder kennt dieses Phänomen - aber wißt ihr auch, was dahintersteckt? Ich erklär's euch:

Ein Echo beruht auf Schallwellen. Wie Wellen im Schwimmbad oder in der Badewanne laufen die Schallwellen so lange in eine Richtung, bis sie durch irgend etwas gestoppt werden. Um bei dem Beispiel zu bleiben: In der Wanne ist es der Beckenrand - im Gebirge sind es die Felsen. Die Wanne wirft die Wellen zurück - und der Fels macht mit den Schallwellen das gleiche. So kommt es, daß die durch euer Rufen ausgesandten Schallwellen wieder zu euch zurückkehren - als Echo.

Wie wird Getreide gemahlen?

Wenn ihr morgens in der Schule herzhaft in euer Brot beißt... habt ihr euch dann schon einmal überlegt, wie Getreide zu Brot verarbeitet wird? Zunächst einmal müssen die goldenen Ähren auf dem Feld geerntet werden. Heute geht das ganz einfach - Mähdrescher erledigen die Arbeit. Sie sind so konstruiert, daß in ihrem Innern gleich nach dem Abschneiden der Getreidehalme das reife Korn aus den Ähren gedroschen (geschlagen) wird. Während der Fahrt über das Feld füllen sich die mitgeführten Säcke mit Körnern, das Stroh wird zu Ballen gepreßt, gebunden und vielfach auf einen Anhänger umgeladen. Die Körner landen in der Mühle, wo man sie vollautomatisch und in großen Mengen zu Mehl verarbeitet.

Früher war das alles viel komplizierter. Da mußten die Bauern das Getreide mit der Sense schneiden, mit der Hand bündeln und erst einmal zur Mühle bringen. Dort legte der Müller die Garben zwischen Mühlsteine. Diese waren über ein Gestänge mit einem Wasserrad verbunden. Wenn Wasser über die Schaufeln des Rades floß, drehte sich das Rad, und über das Gestänge drehten sich die Mühlsteine und zerquetschten die zwischen ihnen liegenden Körner zu Mehl.

Es klappert die Mühle am rauschenden Bach - doch Getreide wird nur noch in wenigen alten Mühlen gemahlen

Wie kommt der Korken auf die Flasche?

Sicher habt ihr schon mal aus dem Korkverschluß einer Weinflasche ein kleines Boot gebastelt. Kork ist nämlich federleicht, schwimmfähig, und er läßt sich mit der Hand leicht zusammendrücken. Habt ihr euch schon einmal überlegt, woher dieses tolle Bastelmaterial stammt?

Nach der Kork-Ernte in Portugal: Hunderte von Röhren aus Baumrinde trocknen in der Sonne

Kork bildet die Rinde der sogenannten Korkeichen. Sie wachsen in Portugal, Italien, Südfrankreich - also dort, wo es das ganz Jahr über ziemlich warm ist. In Abständen von einigen Jahren ritzt man die Rinde einer Korkeiche an (etwa so, wie man es mit einer Salami macht), und zwar waagerecht, in etwas über einem Meter Höhe. Mit einem scharfen Messer schneiden die Korkbauern nun die Rinde längs auf und... ziehen etwa 1 Meter Rinde wie eine Wurstpelle ab. Nachdem der Kork in der Sonne getrocknet ist, wird er zu Korken, Korktapeten und Isolierungsstoffen weiterverarbeitet.

Wie entsteht ein Wollpullover?

Millionenfach werden sie jedes Jahr in Australien und in aller Welt geschoren: Schafe sind nicht nur Fleisch- und Milchlieferanten, Schafe haben ein dickes Fell. Aus dieser Wolle werden kuschelig-weiche, warme Pullover und Jakken hergestellt. Neben Schafen liefern Ziegen, Kamele und Angorakaninchen flauschige Wolle.

Vom australischen Schaf bis in euren Kleiderschrank legt die Wolle einen weiten Weg zurück: Nach der Schur wird die Wolle zunächst gereinigt, nach Dicke und Länge sortiert, gefärbt und zu Fäden zusammengedreht (versponnen). Der nächste Schritt auf dem Weg zum Pullover ist die Verarbeitung von Wolle auf einem Webstuhl. Auf dem Webrahmen werden zunächst Wollfäden in Längsrichtung gespannt. Das sind die Kettfäden. Das eine Ende eines Wollknäuels wird an einer Holzspule, dem Schiffchen, festgemacht. Das flechtet die Weberin quer durch die Kettfäden - über einem Faden hinweg, unter dem nächsten hindurch...

Weben ist heute längst keine mühselige Handarbeit mehr. Seit über zweihundert Jahren gibt es Webstühle, auf denen man schnell und auch viel billiger große Mengen Wollfäden zu Stoffbahnen verarbeiten kann. Häufig wird Wolle heute mit Chemiefasern (künstlicher Wolle) zusammen verarbeitet. Und Maschinen sind es auch, die gewebte Wolle zu Pullovern und Jacken weiterverarbeiten. Wer jedoch lieber handgestrickte Sachen trägt, hat im Wollgeschäft die Wahl unter vielen hundert Sorten und Farben...

"Sieh dir mal diesen Filmstreifen an, Launebär. Was siehst du da?"
"Nichts... äh, doch! Ich sehe viele kleine Bilder! Die sehen ja alle gleich aus, Metty!
"Denkst du, Launebär. Wenn du dir die Bilder einzeln ansiehst, kriegst du kaum mit, daß es sich hier um einen Film, also um bewegte Bilder, handelt. Erst wenn du den Streifen in unseren Filmprojektor einlegst und den Projektor startest, geht dir ein Licht auf."
"Wieso eigentlich, Metty?"
"Weil ein Film mit 24 Bildern pro Sekunde abgespult wird. Das heißt, du siehst in einer Sekunde 24 Aufnahmen. Weil unsere Augen aber nur höchstens 20 Bilder pro Sekunde voneinander unterscheiden können, sehen wir auf dem Bildschirm oder auf der Filmleinwand nur ein Bild."
"Du meinst... der Film überlistet unsere Augen."
"Richtig. Aber ich finde das ganz okay so. Stell dir mal vor, wir könnten besser sehen und würden alle diese Einzelbilder wahrnehmen...!"
"Schrecklich! Hör auf, Metty, ich krieg'ja schon Kopfschmerzen, wenn ich nur daran denke...!"

bini - für beim

Mit dieser Kombination könnt Ihr nach Herzenslust herumtoben. Und Ihr braucht keine Angst zu haben, daß dieses **bini**-Modell Eure Spiele und Späße nicht mitmacht. Denn **bini**-Kleidung verträgt einiges...

Hallo, Kinder!

__bini__ ist kein Bär, so wie Launebär oder Berry. __bini__ ist fröhlich-bunte, freche Kindermode. Vor allem Mädchen haben ihren Spaß an __bini__. Denn jedes Teil ist anders. Viele bunte Aufnäher, lustige Knöpfe und andere modische Einfälle sind der Hit bei __bini__. So vielseitig und bunt wie __bini__ ist auch das, was Ihr mit __bini__ machen könnt. Einen Geburtstag feiern zum Beispiel. Oder eine Fete mit Freunden. Ihr werdet sehen: Mit __bini__ macht alles nochmal soviel Spaß! Auch die lustigen Party-Spiele und die spannenden Spiele für drinnen und draußen, die LI-LA-LAUNEBÄR Euch in diesem Buch vorstellt. Probiert's doch gleich einmal aus!

Susi möchte Zirkus spielen. Kein Problem, sie hat ja alles, was sie braucht: eine Clown-Handpuppe und einen pfiffigen Dress von **bini**.

Wie eine Prinzessin fühlt sich Susi in dieser Kombination mit Hosenrock. Hoch zu (Schaukel-)Pferd reitet sie los - und träumt davon, auf einem echten Schloß zu wohnen...

Schleifen, Einsätze, Aufnäher - so macht **bini** mehr aus Jeans.

mehr Spaß Spielen

Susis liebster Spielkamerad ist ihr riesiger Panda-Bär. Auf ihm kann sie reiten, mit ihm kann sie herumtoben, ohne daß er murrt oder knurrt. "Meine neuen Sachen", sagt Susi, "gefallen auch meinem Panda-Bär."

Auch Klein-Oliver fühlt sich in diesem Anzug rundum wohl. Am besten gefallen ihm die Knöpfe und die Bänder seiner Schühchen. Weil man damit so schön spielen kann...

Das Besondere an **bini** sind die ausgefallenen Ideen und verspielten Extras. So wird aus einem Kinderkleidchen ein **bini**-Kleidchen.

Sieht Susi nicht süß aus in ihrem **bini**-Theaterkleidchen? Der pfiffige Hut dazu läßt sogar die Großen neidisch werden.

Metty's Rabenteuer
oder
Die Abenteuer des kleinen Raben

Es war einmal... ein kleiner Rabe. Wie so viele Kinder, glaubte auch dieser kleine Rabe eines Tages, nicht das Kind seiner Eltern zu sein, sondern mindestens der Sohn eines Königs. In der Nähe gab es das Schloß des Computerkönigs. Dorthin flog der kleine Rabe, um mehr über seine Herkunft zu erfahren.

Der Computerkönig saß gerade in seinem Computersaal und war dabei, mit seinen Computern zu spielen. Weil er aber gar kein guter König war, hatte er in seinen Computern alle Informationen über seine Untertanen gespeichert, die man sich nur denken kann. Auch über alle Kinder in seinem Reich wußte er auf Knopfdruck immer Bescheid: wer da z.B. gerade in der Nase bohrte oder Gummibärchen naschte... oder wer gar mit seinem Fahrrad über den königlichen Rasen gefahren war!

Der kleine Rabe wollte zuerst gar nicht seinen Augen trauen und versteckte sich so lange, bis der König zu Bett gegangen war. Dann flog er zum Computer und hämmerte so lange auf den Knöpfen herum, bis er tatsächlich herausfand, was über ihn selbst, den kleinen Raben, da gespeichert war. Wie staunte der kleine Rabe da, als er las:

Kleiner Rabe, großes Geheimnis,
kann sprechen und denken wie ein Mensch,
wieso und warum, das weiß
nur Zauberer Taff.

"Seltsam", dachte der kleine Rabe. "Dann muß ich wohl zuerst mal diesen Zauberer finden."

Und der kleine Rabe machte sich auf die Suche nach dem Zauberer Taff.

Müde wollte sich der kleine Rabe auf einem besonders schönen Zweig niederlassen und ausruhen, als er merkte,

daß er dort festsaß, nicht mehr wegfliegen konnte, gefangen war. Er war einem Vogelfänger buchstäblich auf den Leim gegangen:

der Ast war nämlich mit Leim beschmiert. Da kam der hinterhältige Vogelfänger auch schon angerannt, weil der kleine Rabe durch sein ängstliches Geflatter das kleine Glöckchen am Ast zum Bimmeln gebracht hatte.

Ein Glück, daß unser Rabe sprechen konnte, sonst wäre ihm womöglich noch wer-weiß-was passiert!

Aber so rief er: "Hör zu, Vogelfänger! Ich bin mager und dürr und viel zu schade für die Pfanne! Wenn du mich leben läßt, kann ich dir vielleicht eines Tages helfen... wer weiß! Überlege es dir gut!"

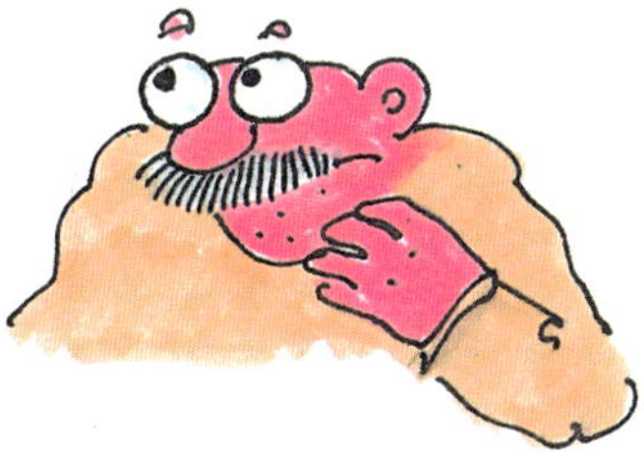

Der Vogelfänger kratzte sich am Kinn, denn so ein komischer Vogel war ihm wahrhaftig noch nie untergekommen. Und als er fertig war mit seiner Grübelei, sagte er: "Na schön! Dann wollen wir mal eine Ausnahme machen! Du sollst am Leben bleiben!" Insgeheim dachte er: "Ich wär' ja auch schön blöd, einen sprechenden Vogel in die Pfanne zu hauen. Nä, nä! Da habe ich bessere Sachen mit ihm vor! Ich halte ihn bei mir gefangen - und dann trete ich mit ihm auf Jahrmärkten oder sogar im Zirkus auf. Das bringt Freude - und auch noch Geld! Jawoll, so wird's gemacht!"

Und dann ließ der Vogelfänger gleich Plakate drucken, auf denen zu lesen stand: HUGO UND SEIN SPRECHENDER RABE. Und dann? Ja, und dann zog der Vogelfänger mit dem kleinen Raben in die Welt.

Er kam mit dem sprechenden Raben auch zum Jahrmarkt in Dingshausen. Hugo hatte den Raben auf dem Finger sitzen, und wer ganau hinsah, merkte, daß der Rabe sehr traurig war, und der sah auch die kleine, gemeine Kette am Bein des Raben. Hugo war das egal, wollte er doch Geld mit dem sonderbaren Vogel verdienen. Und er brüllte aus vollem Hals:

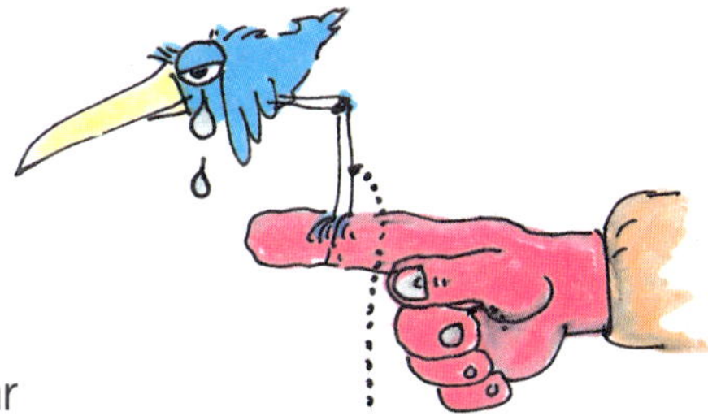

"Herrschaften, treten sie näher, Weltneuheit, einmalig, ein sprechender Rabe, er beantwortet Ihre Fragen. Treten Sie näher." Tatsächlich, die Leute blieben stehen - wo hat man schließlich sowas schon gesehen? Ein Rabe, der sprechen kann!

Und der erste Herr fragte :

"Rabe, sage mir, was es heute beim Computerkönig zu essen gibt?"

Aber statt zu antworten, stellte der Rabe selbst eine Gegenfrage:

"Nur, wenn du mir sagst, wo ich den Zauberer Taff finde." Das fand der Herr blöd und ging seiner Wege, ohne zu bezahlen.

Und alle, die es auch mit einer Frage versuchten, hörten nur: "Wo ist der Zauberer Taff?"

Da lachten die Leute Hugo aus und sagten: "So ein Schwindel, das ist kein Rabe, sondern ein gefärbter Papagei. Der kann ja immer nur den selben dämlichen Satz wiederholen."

Sie hätten Hugo fast verprügelt.

Der aber wurde seinerseits stocksauer auf den Raben und giftete ihn an: "Hör zu Rabenaas, entweder redest du ab sofort nicht solchen Quatsch, oder...!"

"Oder du läßt mich frei!" sagte der Rabe.

"Das könnte dir gerade so passen", zischte Hugo, "heute gibt's kein Abendbrot!"

Hugo, der Vogelfänger, dachte: "Wenn der dumme Rabe den Leuten keine Antworten gibt, dann kann ich an ihm nichts verdienen. Am besten, ich verkaufe den dummen Vogel."

Gedacht, getan!! Ab sofort brüllte Hugo auf dem Jahrmarkt: "Rabe billig zu verkaufen! Kann eine einzige Frage stellen!"

Und bald meldete sich ein fahrender Sänger.

Der fragte Hugo, was er denn für den komischen Vogel haben wollte - und Hugo, froh, den Raben los zu sein, sagte: "Fünf Mark!!" Da kramte der Sänger sein bißchen Geld zusammen, aber es waren nur 4 Mark 50, die er fand. "Auch gut", sagte Hugo, ich will den Teufelsvogel nur loswerden. Vielleicht kannst du ja was mit dem Vogel anfangen...!"

"Meine Güte", staunte der Musikant, "du kannst ja tatsächlich sprechen!" "Na, und ob!" rief der kleine Rabe.

Ich heiße übrigens "Gaudeamus" - sagte der Musikant, "das bedeutet ungefähr so viel wie "Laßt uns fröhlich sein".

"Das ist aber ein toller Name - und er paßt zu dir", meinte der kleine Rabe. "Ich könnte ja wegfliegen, aber ich tu's nicht! Vielleicht können wir uns gegenseitig helfen. Ich suche nämlich den Zauberer Taff."

"Hoppla", rief da der Musikant. "Der Zauberer Taff soll ja in einer Mülltonne wohnen, weil er da am ehesten unentdeckt bleibt. Denn wer sucht schon in einer Mülltonne nach einem Zauberer?"

"Würdest du mir helfen, Taff trotzdem zu finden?" bettelte der kleine Rabe.

"Na klar", sagte Gaudeamus. "Los geht's!"

Und dann klapperten die beiden alle Mülltonnen in der Stadt ab. Und die Leute meinten, das sei wieder so ein Bettler mit Vogel, der in Mülleimern nach Eßbarem krame. Sie konnten ja nicht ahnen, daß die beiden einen Zauberer finden wollten.

Eines Morgens, sie hatten unter einer Brükke geschlafen, hörten sie aus einer Mülltonne seltsame Geräusche.

Es klang wie "Ribbel". Oder nein: eher wie "Bibbel". Nein: wie "Ribbel-Bibbel".

Sie schlichen an die Tonne heran - und wollten gerade den Deckel öffnen, als plötzlich hinter ihnen jemand brüllte:

"Diebe! Polizei!"

"Aber... wir wollen nicht klauen! Wir suchen nach einem Zauberer", stotterte Gaudeamus.

"Ach, was", brüllte der Mann noch lauter und lief rot an!

"In meiner Mülltonne soll ein Zauberer sein?

Tolle Märchen tischt ihr mir da auf! Gleich erzählt ihr mir wohl auch noch, daß der dumme Rabe da sprechen kann, was?"

"Genau!" sagte der kleine Rabe, "und in deiner Mülltonne spukt es. Da kommen seltsame Geräusche raus: Ribbel-Bibbel - oder so ähnlich..."

"Hilfe" schrie der Mülltonnenbesitzer und rannte davon.

"Spinner, Verrückte! Hilfe!" "Na, endlich allein", dachten Gaudeamus und der kleine Rabe. Und sie wandten sich wieder der Mülltonne zu. Ganz leise erklang es innen gerade wieder: "Ribbel-Bibbel!" Da machten sie beherzt den Deckel auf und staunten:

Aus der Tonne tauchte ein Zauberhut auf - ganz langsam - und dann kam schließlich auch das Gesicht zum Vorschein: Ein Gesicht mit Bart, aber sehr freundlich!

"Ihr sucht den Zauberer Taff, stimmt's? Nun, da kann ich euch weiterhelfen. Den Zauberer Taff werdet ihr hier nicht finden. Ihr werdet ihn nirgendwo finden. Alle Zauberer auf der ganzen Welt suchen bereits nach dem Zauberer Taff. Nur sein sprechender Rabe", und dabei blickte er den kleinen Raben an, "ist der Beweis, daß es den Zauberer Taff überhaupt gegeben hat."

Gaudeamus war der erste, der sich von diesem Schock erholte.

"Was soll's!" lachte er. "Soll der Computerkönig doch weiter mit seinem Computer spielen und glauben, er hätte alles Wissen dieser Welt darin gespeichert! Du, mein kleiner, sprechender Rabe, und ich werden jedenfalls weiterziehen. In die weite Welt hinaus. Wir werden leben und unseren Spaß haben und viele Abenteuer bestehen."

"O ja", freute sich der kleine Rabe. "Und vielleicht finden wir den Zauberer Taff ja doch noch..."

Sie zogen los. Und wir dürfen gespannt sein, was sie uns von ihren abenteuerlichen Reisen noch erzählen werden...

Basteln mit Papier und Pappe

"Metty, was machst du eigentlich, wenn du nachts nicht einschlafen kannst?"
"Ich zähle Schäfchen oder kleine Launebären!"
"Das ist mir viel zu anstrengend! Ich würde viel lieber Sterne zählen oder mir einfach nur den Sternenhimmel ansehen!"
"Gar kein Problem, Launebär. Hol dir doch den Sternenhimmel ins Haus! Paß auf, ich zeig' dir, wie's gemacht wird..."

"Ich verrate euch was, Kinder: Seit Launebär sich seinen eigenen Sternenhimmel gebastelt hat, kommt er morgens überhaupt nicht mehr aus den Federn..."

Ein Himmel voller Sterne

Faltet ein etwa quadratisches Stück Papier von der oberen linken Ecke zur unteren rechten Ecke. Faltet dieses Dreieck nochmals in der Mitte, so daß ein kleines Dreieck entsteht. Schneidet verschiedene Muster aus. Klappt ihr das zusammengefaltete Blatt dann auseinander, habt ihr hübsch gemusterte Sterne. Diese werden gelb (oder auch bunt, wie ihr wollt) angemalt, an einem Faden befestigt und an der Decke aufgehängt. Bei gedämpften Licht seht ihr dann vom Bett aus euren eigenen Sternenhimmel über euch...

Mettys Bilder-Puzzle

Ein Cowboy mit riesigen Clown-Schuhen und einem eleganten Damenhut auf dem Kopf - habt ihr sowas schon einmal gesehen? In "Mettys Bilder-Puzzle" gibt's das, und LI-LA-LAUNEBÄR verrät euch jetzt, wie ihr euch so ein lustiges Puzzle selber bastelt:

Schneidet dünne Pappe in schmale, rechteckige, gleich große Streifen (ca. 8 cm breit, ca. 15 cm hoch). Teilt diese Streifen mit waagerechten Bleistiftstrichen in drei Felder (alle ca. 5 cm hoch). Nun malt Figuren und Leute auf diese Pappstreifen - und zwar so, daß im oberen Feld der Kopf zu sehen ist, im mittleren Feld der Oberkörper und im unteren Feld die Beine. Wenn ihr eine Reihe von Pappstreifen bemalt habt, greift ihr zu Schere und schneidet die Pappe entlang der Bleistiftlinien durch. Die einzelnen Felder des Bildes sind die Puzzle-Teile. Mischt sie, legt sie verdeckt vor euch auf einen Stapel, von dem sich dann jeder reihum bedient.

Ein Tip: Je bunter ihr diese Figuren anmalt und je lustigere Gestalten ihr euch einfallen laßt, um so mehr Spaß habt ihr später beim Spiel mit diesem Puzzle...

Bastelt euch ein Brettspiel

Dame, Mühle und "Mensch-ärgere-dich-nicht" kennt ihr sicher alle. Wie wär's mit einem selbstgemachten Brettspiel?

Teilt eine längliche, dünne Pappe in 80 gleich große Felder (4 Reihen, je 20 Felder). Malt drei kleine Spielfiguren auf Pappe (z.B. zwei Löwen und ein Zebra), schneidet die Pappe aus und benutzt sie als Spielfiguren. An einer schmalen Seite eures Spielbrettes stellt ihr die Löwen auf, an der anderen den Dieb bzw. das Zebra. Nun ziehen sie gegeneinander, die Löwen jeweils ein Feld vorwärts oder schräg nach vorne. Das Zebra darf auch rückwärts bewegt werden. Die "Jäger" müssen versuchen, ihre Beute so einzukesseln, daß sie keinen Zug mehr machen kann. Gelingt es dem Zebra, an den Löwen vorbei die andere Seite des Spielfeldes zu erreichen, hat es gewonnen...

Wir machen eine Karten-Reise

Diese Reise machen wir - leider - nicht wirklich; wir spielen sie in Form eines Quartetts. Das müssen wir uns zunächst einmal selbst herstellen. Wir brauchen 6 bis 8 Quartette, also 24, 28 oder 32 Karten. Sie werden aus dünner Pappe ausgeschnitten. Jedes Quartett (4 Karten) hat ein anderes Thema und wird mit bunten Bildchen beklebt oder mit Motiven bemalt, die zum Thema passen. Ein Beispiel: Das erste Quartett zeigt eine Stadt. Unter der Überschrift "Stadt" (unbedingt auf allen vier Karten vermerken!) zeigen die vier Karten dieses Quartetts zum Beispiel eine Kirche, ein Theater, ein Denkmal und einen Bahnhof.

Als weitere Quartett-Themen könnt ihr zum Beispiel "Meer", "Berge", "Campingplatz", "Sport", "Ausflug", "Mit dem Auto unterwegs" wählen. Wichtig ist nur: Auf jeder Quartett-Karte muß das Thema durch ein Bildchen veranschaulicht werden.

Gut gemischt, wird jedem Spieler die gleiche Anzahl Karten zugeteilt. Dann fragt das erste Kind einen Mitspieler nach einer Ergänzung, die es für sein erstes Quartett braucht. Hat der Nachbar das Gewünschte, muß er es herausrücken. Der Frager darf so lange weitere Karten verlangen, die die gleichen Überschriften haben wie Karten, die er selbst in der Hand hat, bis einer der Spieler "Hab' ich leider nicht!" (oder so ähnlich) antwortet. Nun darf dieser Spieler auf die Jagd nach den ihm fehlenden Karten gehen. Sobald ein Spieler vier zusammengehörige Karten - das Quartett - beieinander hat, legt er sie als Stich ab.

Gewinner ist, wer zuerst alle seine Karten als Quartette abgelegt hat.

Das kleine Kreuzworträtsel

Entwerft selbst einmal ein Kreuzworträtsel! Schneidet aus Zeitschriften und Zeitungen Bilder von berühmten Personen, von Tieren und Gegenständen aus. Ihre Namen gilt es zu erraten. Für jeden Namen zeichnet ihr nun die entsprechende Anzahl Kästchen auf ein Blatt Papier. Wie bei einem richtigen Kreuzworträtsel kreuzen sich senkrechte und waagerechte Eintragungen an den Stellen, wo zwei gesuchte Namen einen gemeinsamen Buchstaben haben. Tragt die Lösungswörter in die Kästchen ein. Nun zeichnet ein zweites Kästchen-Feld. Diesmal bleiben die Kästchen leer. Nur zwei bis drei Hilfsbuchstaben übernehmt ihr aus eurem Kreuzworträtsel-Entwurf. Die Abbildungen klebt ihr um das Kreuzworträtsel-Feld herum.

Anschließend fordert ihr eure Freunde, Eltern oder Verwandte auf, diese harte Kreuzworträtsel-Nuß zu knakken.

Metty's Bastelecke

"Launebär, du siehst so traurig aus. Was hast du denn?"
"Langeweile, Metty. Es regnet, und ich würde heute so gerne mit den Kindern draußen spielen."
"Tja, mein Brummbär, was machen wir denn da?"
"Wir spielen etwas, Metty. Oder, noch besser, wir basteln etwas. Hier auf dem Laune-Speicher gibt's so viele Dinge, aus denen man bestimmt etwas machen kann."
"Na, Launebär, dann mal los..."

Eine Schablone macht's euch leichter

Gehen Pferde zum Friseur,
nehm ich mit die Haare her.
Denn aus Pferdehaar kann man
Pinsel machen - lang und stramm.
Und dann schneide ich 'nen Gaul
aus Karton - und gar nicht faul
wird da 'ne Schablone draus,
denn der Kopf kommt innen raus.
Mit dem Pinsel stirp' ich hier
etwas Farbe aufs Papier.
Dann kommt die Schablone runter -
alle Pferde sind putzmunter!

Natürlich müßt ihr nicht beim Pferdefriseur hereinschauen, um an einen weichen Pinsel zu kommen. Sicher habt ihr einen solchen in eurem Tuschkasten. Doch zunächst müßt ihr ja die Schablone zeichnen. Nehmt euch ein Pferdemotiv als Vorlage. Zeichnet es ab oder paust es ab. Das Pferdegesicht braucht ihr nicht auszumalen - wichtig sind nur die äußeren Ränder. Stecht mit der Schere ein Loch in die Mitte eures Pferdekopfes und schneidet ihn entlang der äußeren Ränder aus. Nun habt ihr eine Schablone. Die legt ihr auf ein anderes Blatt Papier. Übertragt den Pferdekopf mit Deckfarben auf das zweite Blatt Papier, verschiebt dann die Schablone und zeichnet einen zweiten Pferdekopf. Anschließend einen dritten, vierten, fünften - und im Handumdrehen habt ihr eine prachtvolle Pferdeherde beisammen.

Metty's bunte Brille

Eine bunte Brille - gläserlos
ist zum Spielen sehr famos!
Joghurtbecher - klein und bunt
passen in die Löcher - und
in den Boden dieser Becher
schneid' als Guckloch einfach Löcher.
Stielaugen kannst du jetzt machen,
andere haben was zu lachen...

Und wenn ihr die Welt einmal so richtig schön rosarot

sehen möchtet, nehmt ihr die Mini-Joghurtbecher wieder aus dem Brillengestell heraus. Mit einer Schere schneidet ihr zwei Brillengläser aus roter Folie. Beide Stücke klebt ihr auf das glaslose Brillengestell - und schon habt ihr eine Gute-Laune-Brille...

Kartoffel-Drucke

Kartoffeln sind gewöhnlich ja
einfach nur zum Essen da.
Doch jetzt solltet ihr mal gucken,
denn man kann auch damit drucken.
Nicht erst kochen, nimm sie roh.
Schneid' ein Dreieck - einfach so.
Farbe macht aus diesem Krempel
schnell einen Kartoffelstempel.
Damit kann man drucken - gell,
malen ginge nicht so schnell!

Ihr werdet staunen, wie einfach das geht und welch tolle Phantasie-Wesen ihr mit eurem Kartoffelstempel zustande bringt. Wichtig ist nur, daß ihr eine glatte Schnittfläche habt. Darauf träufelt ihr Farbe. Drückt den Kartoffelstempel auf ein Blatt Papier. Erkennt ihr in diesem Abdruck etwas - vielleicht ein Gesicht oder einen Außerirdischen oder eure Katze? Wenn ihr wollt, träufelt etwas Farbe (nehmt diesmal einen anderen Farbton) auf die Kartoffel und macht einen zweiten Stempelabdruck - und wenn nötig, noch einen dritten oder vierten. Nun seht euch euer Kunstwerk an. Mit Pinsel- oder Buntstift-Strichen wird das Werk dann vollendet.

Metty's Muskel-Motor

Will man nur mit Muskelkraft
etwas bewegen - ja, dann schafft
man mit Papier und Bleistift leicht,
so etwas, was 'nem Kreisel gleicht.
Das sich ganz ohne Motor dreht,
die Fingerkraft reicht - wie ihr seht!

Dieser Muskel-Motor ist wirklich kinderleicht herzustellen: Schneidet ein kreisrundes Stück Papier aus. Und malt es bunt an. In die Mitte piekst ihr mit der Schere ein kleines Loch. Durch dieses Loch stecht ihr einen Bleistiftstummel. Wenn ihr den Bleistift auf die Spitze stellt und einmal kräftig zwischen den Fingern dreht, kommt euer Muskel-Motor wie ein Kreisel auf Touren...

Metty's kleiner Drache

Ähnlich wie das Kartoffel-Bild entsteht ein Kork-Bild. Nehmt einen Korken zur Hand und schneidet ihn so durch, daß ihr eine ganz glatte Schnittfläche habt. Taucht diese in Wasserfarbe und preßt den Kork-Stempel auf ein Blatt

Papier. Dieser Vorgang wird etliche Male und, wenn ihr wollt, mit verschiedenen Farben wiederholt. Danach greift ihr wieder zum Pinsel oder zu euren Buntstiften und zaubert aus den Farbklecksen eine Figur oder einen Gegenstand oder einfach "irgend etwas". Mit ein bißchen Phantasie und Übung könnt ihr auch ganz schwierige Dinge wie Autos, Häuser und Menschen mit eurem Korken "stempeln".
Wenn Launebär und ich zu unseren Kork-Stempeln greifen und nach Herzenslust loslegen, haben wir hinterher auf dem Laune-Speicher einen Haufen Drachen. Etwas anderes bringen wir einfach nicht zustande...

Ein bißchen Farbe macht alles neu

Hier auf dem Laune-Speicher finden wir immer wieder Dinge, die wir schon seit Jahren vermissen - oder an die wir jahrelang überhaupt nicht mehr gedacht haben. Geht doch mal auf euren Speicher oder Dachboden oder in euren Keller. Da steht bestimmt auch einiges herum, was von euch oder euren Eltern "in die Ecke verbannt" wurde. Einige Dinge sind es garantiert wert, daß ihr sie wieder ans Tageslicht zerrt. Und wenn sie noch so verstaubt, vergammelt und häßlich aussehen - macht nichts. Um so größer die Herausforderung und um so interessanter die Aufgabe! Ihr nehmt Pinsel und Farbe zur Hand und macht aus dem alten Plunder hübsche neue Gebrauchs- oder Dekorationsgegenstände.

Laßt euch was einfallen! Und viel Spaß!

Das Li-La-Laun

Hallo, Freunde!

Herumtoben macht hungrig! Und Bären wie ich haben auf einer Party, wo so viele Leute sind und wo man so herrlich mit anderen herumtoben kann, immer besonders viel Hunger. Wenn ich zu einem Kindergeburtstag eingeladen bin, esse ich nachmittags am liebsten Kuchen. Und abends kann ich mich bei der Abstimmung im großen Kreis der Partygäste nie zwischen gegrillten Würstchen und Spaghetti à la Launebär entscheiden. Aber eins ist sonnenklar: Ich esse von meinem Laune-Teller. Und ich trinke aus meinem Laune-Becher. Ja, ich bin richtig stolz auf meine Li-La-Laune-Partygeschirr. Das ist unerhört praktisch - mir ist noch nie ein Teller kaputtgegangen, so stabil ist der Kunststoff. Und mein Bild ist auch drauf. In einem Spezialverfahren, hab' ich mir sagen lassen, wird das Bild "lebensmittelecht" auf den Teller aufgezogen, das heißt, es kann sich nicht mehr ablösen.
Ich bin immer richtig happy, wenn ich sehe, wie hübsch man mit dem Li-La-Laune-Partygeschirr den Tisch decken kann. Wenn ich mit Freunden eine Fete feiere, stelle ich natürlich nicht nur das Partygeschirr auf den Tisch. Servietten - für alle Fälle - gehören dazu. Und ein bunter Blumenstrauß - weil ich Blumen doch so gerne mag. Tischkärtchen basteln wir uns übrigens selbst. Das ist ganz einfach:
Schneidet aus einem Bogen dünner Pappe Rechtecke von etwa 12 cm Länge und zehn Zentimeter Höhe aus. Knickt die Rechtecke in der Mitte, in Längsrichtung. Nun malt mit Schablonen oder nach Lust und Laune bunte Bildchen, Blumenmotive - oder was euch in den Sinn kommt - auf eure Papp-Rechtecke. Nun noch die Namen eurer Gäste eintragen, die Tischkärtchen hinter die Teller stellen - und fertig ist eure Party-Tischdekoration.

e-Partygeschirr

Nach der Sendung, wenn der Laune-Speicher aufgeräumt werden soll, gäbe LI-LA-LAUNEBÄR einiges dafür, wenn er zaubern könnte. Kann er aber nicht. Und so muß er selbst aufräumen. Dabei ist ihm kürzlich ein Buch in die Hände gefallen. Mit den tollsten Zaubertricks.

LI-LA-LAUNEBÄR hat dieses Buch sofort "verschlungen", das heißt, er hat es in kürzester Zeit gelesen. Nun kann er zaubern. Leider räumt sich der Laune-Speicher noch immer nicht "wie von selbst" auf. Aber LI-LA-LAUNEBÄR kann euch - und mich natürlich auch - mit seinen Zauberkunststücken immer wieder aufs Neue verblüffen. Für euch hat LI-LA-LAUNEBÄR ganz tief in seine Trickkiste gegriffen und die spannendsten und aufregendsten Zauberkunststücke ausgepackt. Hier sind sie...

"Launebär! Das müssen wir noch einmal üben! Also, du zauberst mich aus dem Schrank hervor! Aber laß dir bloß den richtigen Spruch einfallen, Launebär! Ich habe keine Lust, als Frosch aus dem Schrank zu hüpfen!"

LI-LA-LAUNEBÄRS sieben goldene Zauberregeln

1. Behaltet eure Geheimnisse für euch! Verratet nie, was ihr vorführen wollt. Sagt z. B. nicht "Aus dieser Streichholzschachtel hole ich gleich meinen Zauberstab!" Denn dann geht die Spannung verloren. Und es besteht die Gefahr, daß euch die Zuschauer auf die Schliche kommen; die Überraschung ist dahin. Deshalb dürft ihr auch ein Zauberkunststück nicht zu oft wiederholen. Die Zuschauer wissen sonst, was sie erwartet, und sie werden jede Handbewegung kritisch verfolgen.
2. Übt alle Zauberkunststücke vor einem Spiegel. Ihr seht euch darin so, wie eure Zuschauer euch später sehen werden.
3. Führt einen Zaubertrick erst vor, wenn ihr ihn einwandfrei beherrscht.
4. Führt alles, was der Zuschauer sehen soll, ruhig vor. Bei allzu schnellen Bewegungen würde das Publikum den Effekt überhaupt nicht bemerken.
5. Während der Zaubervorführung dürfen keine Zuschauer seitlich oder etwa hinter euch Platz nehmen, sie könnten euch sonst "in die Karten gucken".
6. Haltet die Zaubergeräte von den Zuschauern fern.
7. Wer ein Trickgeheimnis ausplaudert, schadet seiner nächsten Zaubervorstellung. Das verratene Kunststück wäre verloren und könnte nicht mehr vorgeführt werden. Also: Psst!

Der Zauberstab

Das wichtigste Hilfsmittel eines Zauberers ist der Zauberstab. Nicht weil er das uralte Zunftzeichen der Magier, Taschenspieler, Trick- und Zauberkünstler ist, sondern weil der Zauberstab häufig nur dazu dient, das Publikum abzulenken.

Wähle als Zauberstab ein Rundholz, etwa 25 cm lang und 1 cm dick. Pinsele es schwarz an. Die Enden lackierst du weiß oder beklebst sie mit weißem, breitem Klebeband: fertig ist dein Zauberstab!

Nimmst du den Zauberstab in die Hand, so kannst du diese auf ungezwungene Weise geschlossen halten und gleichzeitig einen kleineren Gegenstand, z. B. eine Münze, einen Ring, ein Tuch darin verbergen. Durch scheinbar unabsichtliches Hinlegen und Wiederergreifen des Zauberstabes gelingt es dir leicht, Gegenstände zu vertauschen, neue in die Hand zu bekommen und nicht mehr benötigte unauffällig loszuwerden.

Der Zauberstab sollte quer über einer höheren offenen Schachtel oder auf einem umgedrehten Zylinderhut liegen. Darin kannst du leicht Gegenstände verschwinden lassen, während du ihn ergreifst.

Der schwebende Zauberstab

Der Zauberstab kann noch mehr: Halte ihn in der linken Hand (Handrücken zum Publikum), streife dir mit der rechten die Ärmel hoch und spreize die Finger der linken Hand.

Der Zauberstab schwebt frei an der Hand!

Anschließend zeigst du allen, daß deine Hände frei von Klebstoff oder etwas Ähnlichem sind.

Wie es gemacht wird? Ganz einfach: Beim Hochschieben der Ärmel läßt du die Spitze des Zauberstabes unbemerkt unter ein Band gleiten, das du dir zuvor straff um dein Handgelenk gebunden hast. Unter deinem Hemdsärmel fällt es jedoch überhaupt nicht auf.

Der Zauberstab als Meßinstrument

Du erzählst, daß man mit dem Zauberstab die Luftfeuchtigkeit messen kann. Niemand wird dir das abnehmen. Du schwenkst ihn durch die Luft und preßt dann den Zauberstab in der Faust fest zusammen.

Tatsächlich!

Wasser tropft aus deinem Zauberstab!

Du führst diesen Trick am besten vor, nachdem du den Zauberstab hast schweben lassen. Während die Zuschauer noch den Stab nach Klebstoff untersuchen, nimmst du unbemerkt das feuchte Schwammstück in die Hand. Es war hinter irgendeinem Gegenstand auf dem Zaubertisch verborgen. Aber wende den Zuschauern dabei immer deinen Handrücken zu, sonst entdecken sie das Schwämmchen.

Dann preßt du das Wasser aus dem Schwamm. Die Verblüffung des Publikums nutzt du aus und läßt das verräterische Schwammstück unauffällig in eine Schachtel oder in deinen Zylinderhut fallen.

"Trick 17"

Du gibst einem Zuschauer ein Streichholz in die Hand. Öffnet er sie, ist es weg.

Spannend, was? Und doch geht es ganz einfach: Ein Streichholz versteckst du an irgendeinem ausgefallenen Platz, z. B. auf der Leiste eines Bilderrahmens, der an der Wand hängt. Das andere Streichholz nimmst du in die Hand und bittest einen Zuschauer, seine Hand auszustrecken. Mit deiner Linken hältst du sie fest. Schlag dann das Streichholz mit dem Zündkopf kurz in die Zuschauerhand und behaupte, das erzeuge - einer Stimmgabel ähnlich - einen feinen, kaum hörbaren Ton. Halte das Streichholz ans Ohr.

Wiederhole diesen Vorgang zwei-, dreimal. Beim dritten Mal stecke das Streichholz während des "Lauschens" unauffällig hinter dein Ohr. Nimm dann rasch deine Hand weg, "steche" mit dem Zeigefinger hart in die offene Hand des Zuschauers und schließe mit deiner Hand die des Zuschauers blitzschnell zur Faust.

Er wird glauben, daß das Streichholz in seiner Hand liegt. Wenn er sie öffnet, ist kein Streichholz darin.

In diesem Augenblick rufst du laut: "Hoppla! Da auf dem Bilderrahmen!"

Die Zuschauer staunen, sind abgelenkt. In diesem Moment holst du unauffällig das Streichholz hinterm Ohr hervor und läßt es verschwinden.

LI-LA-LAUNEBÄR's Zauberstunde

So jetzt sag ich dir, was auf der Seite mit dem Lesezeichen steht: Du kannst ja den Text vergleichen...
Es ist die Seite 183... Na, stimmt es bis jetzt?
Das erste Wort ist "Elefant" - Rüsseltier. Na soll ich weitermachen?
Das zweite Wort ist "elegant" - geschmackvoll, gewählt, gepflegt... Stimmt es, mein Kleiner?
Oh, es ist wirklich wahr! Das steht tatsächlich alles hier!
Hier verraten wir dir den Zaubertrick:
Du hast zwei gleiche Lesezeichen. Eins steckst du in eine Seite, deren Text du auswendig lernen mußt.
Wenn du das Buch jemandem gibst, überreich' es waagerecht, damit "dein" Lesezeichen nicht herausfällt.
Wenn du den Zauberspruch aufsagst, drehst du das Buch geschickt um und ziehst unauffällig das zweite Lesezeichen,
das der Zuschauer reingesteckt hat, heraus. Zum Schluß zeigst du das Buch mit "deinem" Lesezeichen dem
Betrachter und kennst natürlich vieles auf der Seite auswendig.

Die Zauberschatulle

Ihr benötigt: Samt oder mattschwarze Farbe, Klebstoff, 1 Schachtel (aufklappbare Zigarettenschachtel), 1 Pappe, 1 Zehnmarkschein.

Eine kleine Pappschachtel wird aufgeklappt. Sie ist leer. Du bittest einen Zuschauer, eine Münze hineinzulegen, z. B. einen Groschen. Die Schachtel wird zugeklappt und... dreimal draufklopfen mit dem Zauberstab... wieder geöffnet.

Doch - was ist das?

Eine wundersame Geldvermehrung hat stattgefunden: Aus dem Groschen ist ein Zehnmarkschein geworden!

Der Trick ist die Konstruktion der Schachtel: Sie ist innen schwarz angepinselt. Im Schachteldeckel liegt ein Stück Pappe, das genau die Größe und denselben schwarzen Anstrich wie der Innenraum der Schachtel und des Deckels hat. Die Pappeinlage muß so zugeschnitten sein, daß sie zwar knapp an den Innenseiten anliegt, sich aber beim Schließen der Schachtel sofort aus dem Deckelinnenraum löst und auf den Schachtelboden herabfällt. Das dreimalige Draufklopfen mit deinem Zauberstab sorgt dafür, daß die Pappeinlage wirklich runterfällt.

Alles Weitere ist klar. Die Schachtel steht zur Vorführung offen. Die Pappeinlage liegt im Deckel. Dahinter befindet sich unsichtbar der Zehnmarkschein. Der Groschen wird ins Schachtelinnere gelegt und der Deckel rasch zugeklappt - die Pappeinlage fällt. Beim Öffnen der Schachtel ist dann auf der schwarzen Pappeinlage nur der Zehnmarkschein zu sehen!

Unser Tip: Paß auf, daß die Münze nicht klappert. Um das zu vermeiden, beklebst du die Schatulle von innen und die Pappeinlage beidseitig mit schwarzem Samt. Von außen bemalst du die Schatulle schön dekorativ oder beklebst sie mit lustigen Abziehbildern. An Stelle des Pfennigs kannst du auch eine abgestempelte 10-Pfennig-Briefmarkeverwenden. Denn die hört man bestimmt nicht.

Der Pfennig-Trick

Knicke ein Streichholz in der Mitte zu einem spitzen Winkel und lege es auf die Flaschenöffnung. Darauf kommt ein Pfennigstück. Fordere die Zuschauer auf, den Pfennig so in die Flaschenöffnung fallen zu lassen, daß weder Münze noch Flasche noch Streichholz berührt werden.

Das geht nur mit einem Trick:

Träufele einfach ein oder zwei Wassertropfen auf die Knickstelle des Streichholzes. Dadurch streckt sich das Hölzchen zurück, und der Pfennig fällt, ohne berührt worden zu sein, in die Flasche.

Vier Asse

Zeige deinem Publikum mit großer Geste und weit ausholenden Bewegungen die vier Asse eines Kartenspiels. Lege sie verdeckt - Rückenmuster nach oben gerichtet - auf den Kartenstapel.

Drei Asse nimmst du nacheinander wieder vom Stapel und schiebst sie irgendwo an verschiedenen Stellen ins Spiel. Das vierte As zeigst du noch mal vor und erklärst: "Es verfügt über erstaunliche Anziehungskraft!"

Lege es oben auf den Stapel. Wir nehmen einmal an, es sei das Herz-As.

Klopfe dreimal mit dem Finger auf den Stapel und bitte einen Zuschauer, die obersten vier Karten vom Stapel zu nehmen und aufzudecken: Es sind die vier Asse.

Der Trick: Hinter den vier Assen hältst du drei weitere Spielkarten versteckt, egal welche. Aber halte die Karten so, daß die Kanten bündig aneinander liegen! Es empfiehlt sich, vor dem Spiegel zu üben!

Zeige die vier Asse vor und lege sie auf den Stapel. Nun steckst du die drei oberen Karten, von denen die Zuschauer glauben müssen, es seien drei Asse, nacheinander an verschiedenen Plätzen ins Spiel. Achte darauf, daß dir dabei niemand in die Karten gucken kann.

Jetzt nimmst du das "Herz-As" vom Stapel, zeigst es, erzählst noch einmal von seiner magischen Anziehungskraft, legst es wieder zurück oben auf den Stapel. Alles weitere laß einen Zuschauer erledigen, der Effekt ist dann um so größer.

Die Wünschelrute

Du bietest einem Zuschauer die fächerförmig ausgebreiteten Karten an und sagst: "Zieh dir eine Karte aus dem Spiel, merke sie dir genau und lege sie verdeckt auf den Tisch, damit ich sie nicht sehe."

Nun legst du die übrigen Karten auf das gezogene Blatt und läßt einmal abheben.

Wer sollte sie da noch finden?

Du natürlich, der Kartenkünstler! Du drehst alle Karten um und breitest sie auf dem Tisch aus.

Du sagst, du wolltest die Hand des betreffenden Zuschauers als Wünschelrute benutzen, nimmst die Hand und führst sie über alle Karten. Bei der gezogenen Karte "zitterst" du mit der Hand des Zuschauers und sagst: "Die Wünschelrute hat richtig ausgeschlagen!"

Alle werden überrascht sein. Dabei ist der Trick leicht: Während sich der Zuschauer die gezogene Karte ansieht und merkt, wirfst du heimlich einen raschen Blick auf die unterste Karte des Päckchens. Sie kommt nach dem Überdecken vor die gezogene Karte. Wenn du danach die Karten umdrehst, kannst du sie mit Hilfe dieser "Leitkarte" schnell ausmachen. Alles andere ist "Show"...

Flinke Finger

Darüber wird dein Publikum staunen: Du mischst ein Skatspiel und legst den Stapel auf den Tisch. Jemand verbindet dir die Augen. Jetzt nimmst du "blind" eine Karte nach der anderen oben vom Stapel herunter, befühlst sie sekundenlang mit den Fingerspitzen und sagst dann genau, ob ein Bild auf der Spielkarte ist oder eine Zahl.

Die Erklärung: Du hast das Kartenspiel heimlich präpariert. Alle Bildkarten sind mit der Nadel durchpiekst worden. Und zwar immer an solchen Stellen, wo man den Einstich nicht sehen kann. Alle Bildkarten sind nun mit einem fühlbaren, unauffälligen Zeichen versehen, an dem du sie leicht von den übrigen Karten unterscheiden kannst. Sobald du das kleine Zeichen unter den Fingerspitzen spürst, weißt du: "Das ist eine Bildkarte!"

Die Tücherkette

Du benötigst zwei gleich große, weiße Tücher, die sich leicht falten lassen, also am besten Seidentücher oder -schals.

Die Ecken jedes Tuchs müssen mit Textilfarbe rot eingefärbt werden.

Dazu brauchst du noch zwei kleinere Tücher, rot das eine, blau das andere. Und noch einen Briefumschlag, am besten im DIN-A 5-Format.

Auf den großen Augenblick der Vorführung bereitest du dich folgendermaßen vor: Nimm eines der weißen Tücher und knüpfe daran das kleine rote Tuch fest; das weiße Tuch falte sorgfältig zu einem kleinen Päckchen zusammen und lege einen Gummiring darum, damit es zusammenhält.

Während der Show ergreifst du diese beiden verknoteten Tücher so mit der Hand, daß auf der einen Seite das kleine rote Tuch, auf der anderen Seite deiner Hand lediglich der rot gefärbte Zipfel des großen weißen Tuchs (das in deiner Hand vor den Zuschauern verborgen ist) hervorschaut. Den Zuschauern kommt es so vor, als hättest du nur ein rotes Tuch in der Hand.

Bitte eine Zuschauer oder deinen Assistenten, das kleine blaue Tuch an den einen roten Tuchzipfel festzuknoten (also an das verborgene weiße Tuch).

Ein Zuschauer prüft inzwischen den Umschlag. Bitte ihn, ein etwa fingergroßes Loch hineinzubohren. Anschließend lege alle drei Tücher in diesen Umschlag, aber so, daß aus den beiden Löchern des Umschlages jeweils ein roter und ein blauer Zipfel hervorschaut. Der Umschlag wird verklebt und einem Zuschauer zur Aufbewahrung überreicht.

Laß nun das andere große weiße Tuch vor den Zuschauern verschwinden. Dafür eignet sich eine bereitgelegte Röhre, ein Korb oder etwas ähnliches.

Danach bitte den Zuschauer, die beiden Tuchzipfel aus dem Umschlag zu ziehen: das "weggezauberte" große weiße Tuch erscheint nun auf magische Weise; es ist zwischen die beiden kleinen Tücher geknotet.

Die "Wünsch-dir-was"-Münzen

Auch bei dieser Münzen-Magie geht es zwar geheimnisvoll, aber naturwissenschaftlich einleuchtend zu: Du legst drei Pfennige auf einen großen, flachen Teller. Schütte mehrere Eßlöffel Wasser darüber, bis die Münzen bedeckt sind.

Erzähle irgendeine ausgedachte Geschichte dazu, zum Beispiel die von den drei sehr, sehr wertvollen Münzen, die auf dem Grunde eines Sees liegen. Wer sie herausholt, ohne sich die Finger naß zu machen, darf sie behalten.

Deine einzige Bedingung: Sie müssen mit den Fingern herausgeholt werden. Ohne Handschuhe!

Der Trick ist leicht zu erlernen. So leicht, daß du es sofort ohne große Übung nachmachen kannst, wenn... ja wenn du das Geheimnis kennst: Schneide einen Korken der Länge nach durch. Stelle einen brennenden Kerzenstummel darauf und setze das Ganze vorsichtig auf die Wasseroberfläche.

Der Korken schwimmt.

Stülpe ein Trinkglas so darüber, daß die drei Münzen außerhalb des Glases liegen. Im Nu werden die Pfennige im Trockenen liegen. Laß sie noch einen Moment auf dem Teller, bis sie völlig abgetrocknet sind.

Dann gehören die "sehr, sehr wertvollen Münzen" dir.

Jetzt möchtest du sicher wissen, warum die Pfennige so plötzlich im Trockenen liegen. Also bitte: Der Unterdruck im Glas saugt das Wasser vom Teller ein. Die Saugwirkung wird von der Kerze verursacht, die die Luft im Glas verbraucht.

Deine Zuschauer haben nach dem gelungenen Experiment zwar nicht die Münzen, dafür aber einen schönen Trick gratis von dir bekommen!

Zwei Karten auf Wanderschaft

Du zeigst kurz zwei Spielkarten. Die erste steckst du in den Kartenstapel zurück, die zweite ebenfalls - allerdings an eine andere Stelle. Du bittest einen Zuschauer, die beiden obersten Karten vom Stapel zu nehmen: Es sind die beiden Karten, die eben noch an verschiedenen Stellen ins Spiel gesteckt wurden!

Der Rest des Spieles kann von den Zuschauern sofort untersucht werden. Die beiden Karten sind tatsächlich nur einmal im Spiel.

(weiter geht's auf Seite 128)

Der Trick mit dem Zahnstocher

In dem Tuch breche ich jetzt das Hölzchen entzwei. Einfach in der Mitte durch!
CREK!
Du hast gehört, wie es entzweibrach, nicht wahr? Es hat richtig "Krack" gemacht.
Ja,ganz deutlich.
Nun schau her! Das ist das Hölzchen! Völlig intakt!
Aber... LI-LA-LAUNEBÄR, das gibt es doch nicht!
Hier zeigen wir dir den Trick: Das Taschentuch ist präpariert.
1
An einem etwas offenen Saum wurde ein Hölzchen vorher hineingeschoben.
2
Um es ganz unauffällig zu machen, nähst du den Saum wieder zu.
3
Wenn du dann das Hölzchen "angeblich" zerbrichst, hört man, wie du das Hölzchen im Saum zerbrichst, aber das in der Mitte des Tuches bleibt heil.
CRAK!!

Das ganze Geheimnis dieses Zauberkunststückes ist die geschickte Ablenkung der Zuschauer. Du suchst dir folgende Karten aus dem Spiel: Pik 7, Kreuz 8, Kreuz 7, Pik 8. Kreuz 7 und Pik 8 legst du vor der Vorführung auf den Kartenstapel.

Pik 7 und Kreuz 8 zeigst du kurz vor, ohne ihren Wert anzusagen. Du sagst nur: "Sieben und Acht" und drehst die Karten schnell wieder um.

Dann forderst du die Zuschauer auf, die Karten mit ihren Fingerspitzen zu prüfen, um eventuelle Markierungen (Einstiche, Knicke) aufzudecken. Jetzt hebst du die Karten noch einmal kurz hoch. Diesmal sagst du allerdings: "Kreuz und Pik!"

Du drehst die Karten schnell wieder um und steckst sie - Rückenmuster immer noch oben gerichtet - irgendwo ins Spiel.

Und schon läuft alles wie von selbst: Bitte einen der Zuschauer, die beiden oben auf dem Kartenstapel liegenden Karten abzunehmen und umzudrehen. Es sind Kreuz 7 und Pik 8. Wenn das flüssig vorgeführt wird, wird niemand den Unterschied und damit den Trick merken.

Der unsichtbare Pfennig

Für diesen Trick benötigst du: 1 Gegenstand in Pfenniggröße (Glas oder durchsichtiges Plastik), 1 Pfennig, 1 Glas Wasser, 1 undurchsichtiges Tuch.

Über die linke Hand hast du ein Tuch gebreitet. Darunter liegt die Glasscheibe verborgen. Auf dem Tisch, vor dir, steht ein Glas Wasser bereit (es kann natürlich auch Zitronenlimonade sein). Mit der rechten Hand zeigst du den Pfennig so lange vor, bis ihn auch der letzte Zuschauer ganz deutlich gesehen hat.

Tue so, als würdest du ihn unter das Tuch in der linken Hand halten. Dabei erklärst du deinem Publikum: "Hier ist er sicher."

In Wirklichkeit behältst du den Pfennig natürlich in der rechten Hand, wo du ihn mit Ring- und Mittelfinger an der Handinnenfläche festklemmst.

Zieh nun - den Handrücken zum Publikum! - die rechte Hand wieder hervor und greife die Glasscheibe von oben durch das Tuch. Für das Publikum sieht das so aus, als sei das der Pfennig.

Bitte einen der Zuschauer, ihn genau über die Öffnung des Wasserglases zu führen. Sobald der Pfennig (unter uns: die Glasscheibe, die ihn vortäuscht!) genau über der Glasöffnung schwebt und die herunterhängenden Zipfel des Tuches das Glas vor der Sicht der Zuschauer schützen, rufst du: "Laß ihn fallen!"

Deutlich hört jeder das Klirren. Laß das Tuch - zur Spannungssteigerung! - einen Moment über dem Glas.

Wenn das Tuch entfernt wird, ist vom Pfennig nichts mehr zu entdecken: Er hat sich in Wasser "aufgelöst".

"Hellsehen" im Dunkeln

Du läßt im Dunkeln einige Zuschauer irgendwelche Sätze auf Zettel schreiben. Die Zettel werden in Briefumschläge gesteckt, zugeklebt und eingesammelt. Erst dann wird das Licht wieder angeknipst.

Du nimmst einen Briefumschlag, hältst ihn vor deine Augen und sagst: "Auf diesem Zettel steht: 'LI-LA-LAUNEBÄR hat immer Hunger auf Honig.'"

Du öffnest den Umschlag, entfaltest den Zettel und liest laut den Satz vor:

Der Zuschauer, der das aufgeschrieben hat, nickt beifällig.

So geht es weiter, bis alle, die etwas aufgeschrieben haben, dran waren.

Auf den Trick wird keiner kommen: Du schneidest dir ein paar Zettel so zurecht, daß sie in Briefkuverts passen. Im Publikum hast du einen geheimen "Mitwisser" sitzen. Er schreibt im Dunkeln einen Satz auf, den ihr schon vorher verabredet habt, zum Beispiel "LI-LA-LAUNEBÄR hat immer Hunger auf Honig." Und er bringt ein kleines, unauffälliges Zeichen auf seinem Kuvert an.

Nun hast du's leicht: Du nimmst nach dem Einsammeln den ersten Umschlag (nicht den gekennzeichneten!) hältst ihn vor deine Augen und sagst laut den verabredeten Satz: "LI-LA-LAUNEBÄR hat immer Hunger auf Honig." Du öffnest den Brief, läßt aber niemanden seinen Inhalt lesen. Da steht zum Beispiel: "Metty hat immer so tolle Ideen."

Nun kennst du den Inhalt. Alle werden aber glauben, daß du den Brief in der Hand hältst, in dem der Satz "LI-LA-LAUNEBÄR hat immer Hunger auf Honig." steckt.

Nimm den dritten Umschlag in dic Hand, halte ihn wieder an die Augen und sage laut: "Metty hat immer so tolle Ideen." Auf dem Zettel steht aber in Wirklichkeit: "Die Party ist spitze." Damit weißt du wiederum den Inhalt des nächsten Kuverts. So machst du weiter, bis du alle Kuverts geöffnet und jedesmal die richtige Antwort gegeben hast.